跨文化视角下的大学英语教学研究

屈媛媛　著

中国纺织出版社有限公司

图书在版编目（CIP）数据

跨文化视角下的大学英语教学研究 / 屈媛媛著.-- 北京：中国纺织出版社有限公司，2023.12
ISBN 978-7-5229-1261-5

Ⅰ.①跨… Ⅱ.①屈… Ⅲ.①英语—教学研究—高等学校 Ⅳ.①H319.3

中国国家版本馆CIP数据核字（2023）第221894号

责任编辑：赵晓红　　责任校对：王蕙莹　　责任印制：储志伟

中国纺织出版社有限公司出版发行
地址：北京市朝阳区百子湾东里A407号楼　邮政编码：100124
销售电话：010—67004422　传真：010—87155801
http://www.c-textilep.com
中国纺织出版社天猫旗舰店
官方微博 http://weibo.com/2119887771
天津千鹤文化传播有限公司印刷　各地新华书店经销
2023年12月第1版第1次印刷
开本：710×1000　1/16　印张：14.5
字数：210千字　定价：99.90元

前 言

进入21世纪以来，世界各国相互联系更加紧密，相互依存程度加深，经济全球化与文化多元化对教育提出了国际化的诉求，培养具有国际视野和跨文化交际能力的人才成为增强国家软实力、应对全球化时代挑战的必然选择。跨文化教育成为全球化时代公民教育的重要组成部分，它不仅是解决现实问题的需要，而且是构成人文通识教育和思辨能力培养的不可缺少的组成部分。

随着经济全球化进程加快，各国之间的文化交流也开始日益增多。因此英语作为全球通用语言，在很多国家均有教学。但是因为文化的差异，跨文化的英语教学也遇到了一些问题。所以，如何进行有效的跨文化英语教学值得相关人员探究。大学英语课堂教学必须紧跟时代的发展，寻求新的进步。对英语教学已有相关研究进行探讨与整合，为探索符合时代要求的英语教学提供理论依据。大学英语课程作为大学阶段提升大学生综合素养，提高大学生听、说、读、写、译的英语交流能力的主要媒介，其至少具有公共性、工具性、基础性、针对性和跨文化性等属性。本书从文化差异角度分析了跨文化英语教学中存在的主要问题，提出在进行英语语言教学时，以注重文化差异为基础，培养跨文化交际的能力。在语言教学中导入文化教学，并运用主题式教学或任务式教学，科学选择教材，增加跨文化教育内容，以培养学生的跨文化交际能力。在新时代背景下，要注重学生全方位英语能力的培养，本书包含了英语听力与口语、阅读与写作、语法、翻译等方面的教学内容，并对英语教学评价进行研究，针对具体的教学环节进行系统设计，对英语教学的效果进行形成性评价和终结性评价。

本书较为注重学生这一主体，关注学生和教师的使用反馈环节，以学生为主体评估本书理论体系建设，并根据学生专业需求，顺应立体化、信息化学习资源特点，充分调动学生学习积极性，使自主学习与课堂学习得到有机结合，注重学生的思维能力和社会综合能力培养，有效地为英语教学事业增添基石。

屈媛媛

2023年7月

目录

第一章

跨文化大学英语教学理论

第一节　全球文化一体化与英语教学

一、全球文化一体化的内涵

（一）初步认识全球文化一体化

全球化时代的到来使我们这个世界的各个层面正在成为一个紧密联系的整体，文化层面在某种意义上甚至得此风气之先，这是因为文化是人类最为“轻便”的交往方式。这样，全球文化也就出现了结合为一个系统、成为一个整体的趋向。这种一体化趋向目前主要表现在以民族国家为单位的文化实体之间的互相渗透、互相制约上。对此，马歇尔·麦克卢汉（Marshall McLuhan）曾指出，由于全球交流技术和媒介网络的作用，世界各国民族文化正在进行跨国综合或全球综合。可以说，各国文化加速走向一体化是一个不可阻挡的潮流，其根本原因在于人类的交流需求得到不断发展的当代传媒技术的支持，同时也借助了不断扩大的全球资本的强劲运作，从而使文化交流在全球规模上得以持续、深入进行，并最终趋向全球文化共同体。

（二）全球文化一体化的趋势

1. 多元化

在全球文化一体化的过程中，另一相反的趋势多元化也在展开自己的现实行程，它是对一体化的脱离、反抗，从更广的意义来说，也是对一体化的一种刺激和弥补力量。全球文化的多元化表现在多个方面，既表现在对全球文化一体化趋势的打破上，也表现在对于不同一体化的选择上，同时还表现在各种一体化本身的不成熟上。而最直观地看，这种多元化表现在全球文化生产和消费的多样和离散上。这里我们仅以文化的地域化、民族化为例进行说明。我们知道，人类长期分离的历史使各国文化表现出极大的地域化、民族化特征。今天，出于民族利益和民族感情的考虑，强化地域性、民族性成为众多民族国家的文化战略选择。而这也是解决民族认同问题的重要措施。所谓文化地域化、民族化，实际上就是保持、强化自己民族文化的特色和“主权”，抵制自外而来的全球统一力量。这样，在反对全球文化一体化的潮流中，地域化、民族化正在表现出强大的分裂作用。从根本上说，全球文化多元化的存在和发展与全球一体化所带来的人类利益矛盾有关，尤其和政治经济中心与边缘的矛盾有关。总之，全球文化一体化和多元化的潮流是两种并行、互斥又互补的过程。但我们有必要清醒地看到，前者占有主导地位，后者处于从属地位。

2. 同质化

全球文化一体化中的另一趋势是同质化。这里的同质化不仅指各国、各地文化在现象形态上的共同处越来越多，而且指文化的运作机制越来越接近和类似。展现前一方面的例子非常多。比如，在世界范围内服装款式大面积趋同，牛仔裤和西服在世界绝大部分地区广泛流行；再如，好莱坞大片成为大部分国家青少年欢迎和欣赏的作品。至于音乐文学、绘画等方面也都出现了一致的趋向和明显的共性。即使在文化中最难以改变的层面语言中，也出现了一些微小但值得关注的趋同倾向，比如在今天汉语中不仅出现了大量英语词汇，而且汉语学术语言的结构也受到了英语的深刻影响。更为重要的是后一方面，文化生产、销售、消费等逐渐接受共同的规则和方式，即遵循资本运行的逻辑。非常有趣且需引起注意的是，对此文化同质化在世界范围内也出现了普遍抵制，而这些抵制也采取一些普同的形式、遵照某些类同的思想（文化保守主义、文化相对主义或后现代主义等）。从更广的意义来说，这也是文化同质化的一种特殊表现。

3. 异质化

与对全球同质化的普遍“抵抗”紧密相连，全球文化还“生长”出另外一种趋势异质化。在今日世界的文化“丛林”中，由民族、历史、思想、利益等因素所造成的差异仍然广泛存在，而且这些差异还有较迅猛的发展势头。从根本上说，全球文化异质化的趋势和各民族、各阶层、各地域人民的需求差异有关。结合全球文化的现实来看，同质化和异质化都在展示出强劲的力量。但比较来说，似乎前者的后劲更可观、前途更宽广。

在全球文化的一体化和同质化过程中，最强大的规则和力量也许就是资本化。这里的“资本化”指的是遵循资本的逻辑、接受资本的统治、成为世界资本运行总体过程的一个部分，甚至成为一种特殊形态的资本。众所周知，全球文化生产、流通和销售的大部分份额是由资本来组织的，在许多领域是由资本来垄断的，其消费也受到资本的塑造和影响。资本运行的根本逻辑就是追求自身的价值增值，而这也是今天全球文化景象得以形成的最重要的建构力量。在当代全球体系中，资本无限制地追求发财致富的欲望，成为全球文化发展的主要根源。在很大程度上，资本化是全球文化一体化的组织原则，是全球文化同质化的根本原因。

二、语言与文化的关系

语言是文化的凝聚体，是文化总体的重要组成部分。一切文化的创造都离不开语言的作用，而且文化的积累也是通过语言保存的。语言与文化的关系是相依相存、密不可分的。可以说文化是语言的基座，语言是文化的载体。我们可以从以下几个方面具体分析二者之间的关系。

（一）语言是文化的一部分

韩礼德（Halliday）认为，“整个社会是个语义系统，语言也是语义系统但它是社会语义系统的一部分……从符号学角度看，整个社会是一个符号系统，语言也是符号系统，而且是社会和文化这一大符号系统的一部分。不同之处在于语言同时又是社会语义系统的编码系统。这样，语言实质上就是文化符号”。

在这一段话里，韩礼德首先清楚地说明了文化与语言的关系是整体与部分的关系；其次说明了语言是文化的符号。所以对语言符号系统的解释取决于对它赖以生存的社会或文化语义系统的解释，也就是说，离开了社会，离开了文化，就无法深刻理解语言这个语义系统。

（二）语言是文化的载体

语言是文化的载体，是文化存在的物质表现形式。文化的形成和表达离不开语言，语言中存储了前人的全部劳动和生活经验。一个民族的文化是该民族人民长期创造积淀的结果。民族文化是通过各种形式一代代继承、发展到今天的，其中最重要的手段就是利用语言，是语言记录了民族文化并保存了民族文化。语言单位，特别是词语，体现了人们对客观世界的认识和态度，烙上了某一民族的历史、社会生活的印记。例如，蝙蝠在西方被视为与魔鬼和黑暗势力相关的不祥之物，而中国却把它当作吉祥之物，这是因为汉语中“蝠”与“福”同音，像“双蝠图”喻示双份的福气，“五蝠捧寿”喻示福寿双全。这些都跟人们祈求幸福美满的生活有关。从这个例子可以看出，同是一个物体，由于语言的不同，所传递的是不同的文化意义。这样，后人通过学习语言就能掌握前人积累下来的整个文化。

语言不仅表现在古代它使人类祖先得以摆脱动物界和建立人类社会的重大作用，而且表现在人类社会建立以后，人类文化的许多重要部门的建构和传承，如神话、宗教、文学艺术、科学技术等。

（三）语言是文化的模具

人类在认识世界时，会对客观事物进行分类和整理，这种分类和整理的过程就是文化构建的过程，当过程及其结果用语言来表达、记录和传承时就构成了某种模式。当这些模式强制地传给后代时，就把前人观察、分析世界的角度和方式即思维模式传给了后代，让他们按照这样的模式再去探索和认识新事物，这就起到了一种隐形的却又是顽强且无可替代的向导作用，这种向导作用就是我们所说的语言表达式对思维、对文化的模具作用。

（四）语言是一种文化样式

在人文的生态环境下，语言不可能是一种纯净物、超然物，它必须也是一种文化环境影响下的产物。语言的形式与内容，生存样态与演变规律，也都需要在文化的背景下来做出思考。“文化样式”与“文化载体”其实是有相通之处的，如果语言与文化之间没有联系，这种互动性的关联研究也就无从进行。但“文化样式说”又和“文化载体说”有着不同的一面，在它眼中，语言与文化的浸润程度更深，联系更密切。这时的语言，不单单是以声音为表现形式的物理之物，不单单是发声、传声、听声的生理之物，也不再只是音义合一、规定与俗成的符号之物。语言的起源与生成、结构与形式、单位与组成、使用与演变，都会受到这种或那种文化因素的或深或浅、或多或少的影响。因此，语言又不是独立于文化之外的“载体”，它本身就是在文化环境影响下产生的一种特殊的文化现象。

在把语言看作一种文化样式的理论中，最彻底的看法就是把语言看作该民族观察世界的样式。它认为人们对世界的认识，无论是对客观世界还是对主观世界的认识，都是通过语言来进行的。人们不可能脱离语言来认识世界，也就是说，人们所认识的世界，其实都是通过语言来加以反映、加以表述了的“语言世界”。通过语言加以整理、表述了的世界才是可认识的世界。也可以说，语言的结构体系与语言的表意功能是紧紧联系在一起的。

三、文化因素在英语教学中的重要性分析

（一）中国文化在英语教学中的重要性

1. 能够帮助学生正确了解英语学习的本质与目的

在中国，许多英语教育者曾要求学生在英语课堂上完全摆脱汉语的思维和习惯，而完全用英语的思维和习惯来思考问题和进行交流，结果证明，这种要求实际上是不科学的，也是违背规律的。语言学家梅吉耶斯（Medgyes）说过：“第二语言学习者无论如何努力，一般是永远无法习得和本族人一样的

语言能力的。”因此，承认中国英语的客观存在也就成了正确了解英语学习的重要前提之一。在英语教学中，只有承认中国英语的存在，才能科学地分析汉语对英语的正面及负面影响，确定哪些是在英语教学中可以保留并发扬的，哪些是必须摒弃和克服的。在英语学习中，必须承认中国英语的存在，英语学习者才会真正了解到英语学习的本质在于交际和运用，而并非抛弃母语而被外语所同化。

语言是人类最主要的思维和交流工具，也是人们参与社会活动的重要条件。显而易见，语言既是本国人彼此之间交流的工具，也是全世界人民彼此交流的工具。非英语国家的人是在已经掌握本国语言的基础上进行英语学习的，这就不可避免地在用英语表达自己意思的时候会夹带着本国语言的习惯和特点，中国人当然也不例外。例如，说到“戒烟”，英语中常见的表达形式是“quit smoking”，而很多人也会想到“give up smoking”“stop smoking”等，其实这些表达形式也已被接受和认可。因此，要培养中国的英语学习者正确理解学习英语的目的，认识到英语学习并非是“一成不变”的。英语在不同的国家和不同的语境中会发生一些变化，这些变化属于正常的语言变体，很多时候这些语言变体是有益于沟通和交流的，是值得提倡和推广的，学习英语当然也要接受和学习这些语言变体。

2. 能够培养学生的爱国主义及民族认同感

爱国主义教育是社会主义精神文明建设的重要内容，也是培养学生道德文化素质的重要组成部分。爱国主义是对祖国的一种深厚感情，是一种强烈的爱国情结，体现为民族的自尊心和认同感。在全球化日益凸显的今天，加强中国各级各类学生的爱国主义教育是时代发展的要求，是提升中国国际地位和综合实力的必要保证。而学校的爱国主义教育仅依靠思想政治课是远远不够的，必须要将其渗透其他各个学科之中。开设英语课程有利于提高民族素质，有利于增强中国的综合国力。应该说，英语教学作为一门国际通用语言的教学，是对学生进行爱国主义教育的重要阵地，应有效地、充分地利用这块阵地来开展爱国主义教育，培养学生的爱国情结及民族认同感。中国是有着几千年历史底蕴的文化古国，中国文化在全世界人类的文明史上有着特殊的地位和作用，是不能忽视和遗忘的。即使在英语如此普及的今天，汉语对于英语也有着不容忽视的影响。在全球一体化日益凸显的今天，我们的文化受到了前所未有的挑战，越来越受到西方，尤其是英语国家文化的影响甚至侵蚀。因此，加强爱国主义教育和对本民族的认同感和归属感便成为英语教学的关键之一。

语言是表明一个民族特征和归属的重要标志，是一个民族文化体系当中最基本的元素。英语教学是语言和文化的教学，这便要求英语教师在教学中应时刻不忘对学生进行中国文化教育，引导学生科学地学习西方文化和中国文化。在英语教学中，教师应向学生灌输正确的学习态度和学习精神，学习和接受西方文化并不意味着盲目被异国的价值体系和道德体系所同化。学习西方文化的前提是充分了解中国文化，从而达到提升自身鉴赏文化的能力和品位的目的。

3. 能够让中国走向世界，让世界了解中国

“让中国走向世界，让世界了解中国”是中国对外交流的目标，也是中国英语教学的最终目的所在。

在今天，“汉语热”现象也在世界悄然兴起。如今，国外学习汉语的人数日益增加，中国在海外陆续建立了三百多所孔子学院，以推广汉语教学和中国文化。改革开放以来，中国在全球的经济、政治实力不断增强，综合实力和国际地位都日益提高。因此，中国加大力度向全球推广自己的语言和文化也是顺应时代的需要。在全球范围内传播中国文化的时机是否已经来临？答案是肯定的。那么，如何传播中国文化，用汉语还是英语？答案是：英语加汉语。

由此可见，不仅应在国内各级各类的英语教学中融入中国文化，而且在国外的汉语教学中同样应加入中国文化的教学部分。目前，在中国的英语教学中关于中国文化的教育还比较少。一方面，这严重阻碍了中国推广自己的本土语言和文化；另一方面，在当今国际舞台上，中国越来越需要用自己的声音来宣传自己、证明自己，这也迫切需要让全世界各国人民了解中国的语言和文化。综上所述，中国需要了解世界，世界也同样需要了解中国。

（二）西方文化在英语教学中的重要性

语言是一种特殊的社会文化现象，它是人们在长期的社会生活实践中约定俗成的。每一种语言都是在特定的社会历史环境中产生和发展起来的，因此，每一种语言都反映出使用该语言的国家和民族在不同的社会历史时期所特有的文化现象。一个民族的语言与该民族的文化相互依存。语言是文化的载体，没有语言，就没有文化。同时，语言又受到文化的制约和影响。可以说，语言反映一个民族的特征，它不仅包含着该民族的历史和文化背景，而且蕴藏着该民族对人生的看法、生活方式和思维方式。因此，我们要想掌握和运用一种语言，就必须了解产生这种语言的社会，学习这个社会的文化。否则，就无法正确理解和运用这种语言。

对于学习英语者来说，不了解英语国家的文化，即使语言知识掌握得很好，也难以避免在跨国文化交际中出现差错。我们与英语民族在文化习俗、认识观察问题的角度和方式上存在很大差异，这是我们在英语学习中必须充分明确的。学习英语就是学习与汉语完全不同的文化，熟悉英语国家文化的思维方式、价值观念和风俗习惯。

英语学习的最终目的是熟练掌握基本的语言和文化知识，并在日常交际中正确使用英语。日常交际都是在具体的文化氛围中进行的，只有较好地了解了英语的文化背景知识，才能正确理解其中意图，充分表达自己的想法，达到语言交流的目的。没有对文化背景知识的了解，就无法真正地学好一门语言。无论是对字词、句子，还是对篇章结构的理解，都依托于一定的文化背景知识。只有渗透到语言文化当中去，才会感到一切变得生动起来，学习英语也就有了乐趣，语言表达才能运用自如，才可以避免英语学习过程中对文章理解不深、欣赏不了、表达不准确的问题。

在语言知识学习的同时，必须结合相关的文化知识进行学习，这样一方面可以激发学习英语的兴趣，另一方面也能提高文化修养，成为合格的跨文化交际者。

第二节　跨文化大学英语教学的必要性

一、跨文化大学英语教学是当前中国社会经济发展的客观需求

毫无疑问，进入21世纪以来，伴随着我国社会各个层面改革的继续深化以及经济的飞速发展，国际性的事务交流越来越频繁。我国的社会发展需要有一支庞大的、具备跨文化交际能力的人才队伍参与到国际贸易交流中来，解决越来越多的国际性事务，以此来更好地增强国际交流与合作，使跨文化交际得以顺畅进行。

跨文化交际人才不仅需要具备相当的语言沟通交流能力和优化知识结构组成的能力，还必须具备国际性的文化理念与思维，对于异域民族文化与传统、日常礼仪与交际原则等都有着一定的了解，也就是具备相当的跨文化交际的能力。跨文化交际能力是一种双向的沟通交流能力，它要求不仅要对目标交际对象的民族文化有着较为深入的理解与认识，对于本民族的文化知识与传统，也必须有着一定程度的理解掌握，这样才能够在跨文化交际过程中更好地实现双向的交流与互动。在跨文化交际过程中，要想能够得体顺畅地同外国人进行交流，仅具备流利的语言表达能力与较为丰富的交际对象的语言词汇是根本不够的，还必须对目标交际对象的历史文化习俗和价值观念等有着深入的理解与认识，这样才能很好地避免在交际过程中因为文化的差异性而产生的误会与冲突。因此，为了能够培养出优秀的跨文化交际人才，使其在跨文化交际中具备强大的国际竞争力，更好地跟上时代前进的步伐，更好地满足我国飞速发展的政治、经济、科技以及文化对于跨文化交际人才的需求，大学英语在教学过程中要有效地融入跨文化交际的教学内容，将跨文化交际教学提升到大学英语教学课程内容的一定高度，逐渐将大学英语教学中传统教学方法的听、说、读、写能力训练转移到对于跨文化交际能力的全面人才重点培养上来。培养出适应时代发展需求、具备跨文化交际综合素质与能力的国际性人才，是大学英

语教学改革应该关注的重点内容。在大学英语跨文化教学过程中，除了对目的语言民族的文化给予相当的重视，还必须对不同民族之间存在的文化差异性给予足够的关注，在文化教学的过程中同时关注民族文化的差异性，从多个角度、多个层面来增强学生对于不同民族文化的理解与认识，从而更好地拓展学生们现有的知识结构，帮助学生在英语学习的过程中更有效地培养起跨文化交际的能力与素养，为我国的国际化人才竞争培养打下坚实的基础。

二、跨文化大学英语教学是促进大学生社会性发展的需求

每一个人都是社会的人，都具备一定的社会属性，同社会的发展紧密相关，在社会中扮演着一定的角色，并且承担它应有的社会责任。因此，个体的人与作为集体的社会之间就形成了一种彼此相互联系、相互依赖、共同发展的关系。每一个人都生活在一定的社会当中，要想在社会中生存并且谋得个人的发展，就要不断地进行学习，而学习又无法离开社会各个方面。基于此，教师就有责任也有义务在教学过程当中引导学生通过学习来不断地认识社会各个层面的真实情况，对于那些与学生日常生活紧密相关的社会现象，都应该适当地引导学生进行必要的理解与认识，这是增长学生人生经验与阅历的一种极其有效的途径，对于发展学生的自身认知能力，丰富他们的情感、知识以增强自我分析能力及对他人、对社会的认知，都有着极大的促进作用。在此基础上，教师才能够更好地引导学生构建自己良好的行为习惯体系，从而培养自我良好的社会道德体系、人生观与价值观。对于大学生来说，大学教学是促成其社会性发展的有效助推力。当前的大学生面对的社会交往关系及现象更加纷繁复杂，多元化的社会交往决定了交往方式的多样化与复杂化。因此，通过跨文化交际教学来培养学生面对社会不同人群与不同语言群体时应有的交际能力，培养学生在人与人交际合作时的正确态度与意识，从学校与社会各个层面来帮助大学生提升自我的跨文化交际能力与素养，对于他们更好地认识这个世界、跟上社会与时代发展的步伐以及对于自我素质的发展都有着很好的作用。由此可见，倡导大学英语跨文化教学同当前青少年培养的社会化目标是同步的，最终的目

的就是帮助青少年学生树立正确的理想与信念，培养大家追求平等、尊重差异、相互合作的思想观念与意识。大学英语跨文化教学的目的也是为了能够培养当代大学生的文化知识素养和综合能力，将每一个学生潜在的能力与其自身所蕴含的聪明才智最大限度地挖掘并且发挥出来。无数的教学实例已经表明，在大学英语教学中实行跨文化交际教学不是一个空泛的概念或者仅限于理论层面的空谈，而且社会与时代的发展也为具有跨文化交际综合素养的人提供了越来越多的机会与平台。在大学英语教学中给予跨文化交际教学以更多的关注与重视，不断地从更深的层面来加强培养学生们对于不同的民族文化的认同感、包容性，树立起他们面对异域民族文化时应有的包容意识与精神，让他们懂得拥有不同文化背景的人与民族之间彼此应相互尊重、平等交流与合作，这是大学生们面向未来发展的一项较为基本的社会生存能力，是促进不同语言民族之间的文化交流与合作、发展，推动国际交流与合作的一项基本能力与素质，是当代大学生社会性发展的必备生存能力之一，是更好地适应时代与社会发展步伐的要求。

三、跨文化大学英语教学是顺应高等教育国际化发展趋势的需要

面对全球一体化发展的趋势，提升高等教育国际化的主流意识，是当前世界性高等院校办学得以进一步深化发展的新的理念基础。由此可见，在高等院校大学英语教学中实施跨文化教学，已经成为一个国际性高等院校发展的必然方向。跨文化教学在高等院校的有效实施，对于办学理念具备世界性的眼光、融入世界办学教学的洪流当中具有积极的推动作用。通过跨文化教学的实施，可以不断地吸纳先进教学理念与办学模式，站在理性的角度分析我国的高等教学，并且能够以世界性的战略眼光来看待、分析全球性以及民族性的综合性问题，从而在理论与实践相结合的同时，找到本土办学同世界各国办学成功经验的融汇点，以此来更好地把握主流意识的发展，更好地进行创新，办出自我特色，推动我国当前的大学教学。随着全球一体化发展的态势，办学也呈现

出新的发展趋势，很多高等院校都在寻找共同合作办学的新机会，中外合作办学正在不断地发展中。在此过程中，无论是从办学的主体来说，还是从参与办学的客体来说，大家都共同面临着多元化的趋势，办学背景、办学对象也呈现出多元化的趋势，乃至于信息来源、思维方式、社会习俗等也呈现出多元化的特点。在这样的办学理念以及办学氛围中培养出来的人才由于多元化的作用，必然受到多元文化思维影响而具备多元化的意识，这有利于学生形成开放、包容的文化思想。由此可以看出，对于中外合作办学这一新的办学模式中的跨文化教学进行深入的关注与研究，对于大学英语跨文化教学是一件十分有意义的事情。

（1）面对着全球一体化发展的大趋势，我国高等院校面对的不仅是国内市场带来的巨大挑战，在全球化的发展过程中已经被全球一体化潮流裹挟着融入世界性的市场潮流中。具有跨文化交际能力的国际性人才已经成为全球范围内的一种需求，而不再只是某一个民族或者某一个时间段的需要了。毫无疑问，这必然对全球各个国家与民族的高等教学提出改革与发展的迫切要求，立足全球性的高度推动着各个国家高等院校进行发展与改革。

（2）中外合作办学的教学模式是以双向互利、文化平等、交流融合、共同发展为基础与目标的新的办学教学模式。现在，跨文化教学已经被经济开放性国家首肯为进入国际性交流、融入国际发展态势中必要的战略性工具与手段。

面对着全球一体化发展的潮流与趋势，各个国家的商品、信息、服务乃至于人员的跨国界开放，促使大学生成为全球一体化发展过程中增强国与国之间交流、理解、加强合作极其有效的方法。甚至可以说，现在的大学教学已经前所未有地成为一个国家提升综合国力的代表性标志。在当前这种多元化办学模式的作用下，各大高校都在通过多种方式方法，将派出与引入结合起来融入自己的办学教学模式当中，以更好地增强学校在世界性发展态势中的竞争软实力。越来越多的高等院校已经意识到，面向未来的大学人才应该是具有全球意识与国际交往以及跨文化交际能力的人才，这一人才培养目标必然促进大学英语跨文化教学的发展，使其走向更大的成功。

第三节　跨文化大学英语教学的目标

一、跨文化教学的理想目标

教学，是对人类社会实践性最好的培养方法与手段。跨文化教学，则是对不同语言群体的人的社会实践性进行培养。而面对着国际化教学发展的新趋势，跨文化教学培养人才的最佳的理想目标就是能够通过跨文化教学，引导学习者突破因为语言民族文化的差异性而产生的误会矛盾冲突，扫除不同文化群体之间存在的壁垒，尊重文化差异性的存在：能够通过跨文化教学，对于不同种族之间存在的、因为成长的文化背景不同而导致的不同的生命个体的差异进行尊重，并且以此更好地实现人权观念：通过跨文化教学，使学习者能够更深入地理解认识到不同的群体都拥有着平等的利益分配权，每一个生命个体都有选择自己所喜欢的生活方式的权利，对此，应该给予应有的尊重。若是放在具体的点上来进行阐述，那就是实行跨文化教学。首先，就是通过跨文化教学，培养学生们的开放心灵与思想意识，使接受跨文化教学的每一位学生都能够具有一种开放、包容的跨文化思想与观念，能够散开自己的心扉去倾听来自不同文化背景的人的不同思想与观点，能够用开阔的心胸去包容不同的观点与立场，能够用宽广的胸怀去接纳不同文化价值体系的思维价值观念。其次，还可以培养学生对自我的宽容与包容，能够对自身的潜力进行深入挖掘，努力开发自身潜在的创造能力，并且积极培养自我的跨文化交际能力。

二、跨文化交际教学的基本培养目标

培养学生们具备一定的文化意识，这也是跨文化大学英语教学的一个培养目标。也就是通过对英语的学习，能够使学习者对异域民族文化有着更好的认识与理解，从而从多个方面、较深入的层面培养学生们的文化理解能力，

从而让学生们在对不同文化进行对比的过程中提升自我的文化分析鉴别能力，以此为学生提高跨文化交际能力、解决处理跨文化交际实践中的问题做好理论思想的准备。在我国教育部最新修订的《大学英语教学大纲》中对于大学英语教学的教学目的有着极清楚的规定：大学英语教学在重视培养学生语言能力的同时也要重视培养学生的语用能力，跨文化交际能力和社会文化能力。对于跨文化教学的强调与重视，无论是在大学高等教学的专业性学习中，还是在大学英语的公共课教程中，都有着相关的规定。因此，在大学英语教学过程中突出强调对于学生跨文化交际能力的培养以及对其文化素养的有效提升，这是时代发展与社会进步对受教学者提出的客观要求，我国的各大专科院校有效地整合英语教学大纲规定的教学目标，并做出自己应有的努力。结合大学英语教学实践，从理论到实践来提升大学英语跨文化交际能力的现实效果。

大学生跨文化交际能力的提升，需要各大院校在进行大学英语教学的同时，必须将文化教学融入语言教学当中，使语言与文化教学成为一个有机的整体。在此过程中，教师能够结合语言教学内容实际，采用比较研究的教学方法，在大学英语教学的过程当中，适时地引导着学生们通过对目的语言民族文化同本民族的母语文化进行比较分析，来认识目的语言民族同母语民族之间文化价值取向、思维方式、风俗习惯乃至于集体性格等方面存在的差异，从而在对本民族与异域民族文化的差异性对比中更好地提升学生们的文化素养，培养学生们在跨文化交际中所应具备的与不同民族、不同文化背景的人进行交流沟通时避免文化矛盾冲突的能力。可以说，跨文化交际能力的培养，已经成为跨文化大学英语教学的一项重要的目标。其具体目标如下。

（1）跨文化大学英语教学的培养目标之一，就是对大学生面向社会更进一步深入学习英语以及目的语言民族文化能力的培养。任何一种语言的学习，都是一个循序渐进不断深入的学习过程，无论是对英语的学习，还是英语民族文化的学习，都需要学生在不断的学习过程中来逐步地感受领悟，其中，包括自学，这是一个没有终点、持久学习的过程。学生只有能够自己积极主动地进行不断的学习，才能够跟上时代、社会发展的步伐，从而有效地提升自我对于时代与社会的适应能力。

（2）跨文化大学英语教学的培养目标，还包括对于学生文化理解能力与文化背景知识能力的培养。在学习英语的过程中，必然要遇到一些深蕴着英语民族社会文化背景知识丰富含量的词语及典故，对这些词语要进行充分的利用，引导学生透过词语去认识理解深蕴在语言背后的文化意义，是跨文化大学英语教学的基本培养目标之一。

（3）对于学生们的跨文化交际能力的培养，也是跨文化大学英语教学的培养目标之一。这是一个全球化激烈竞争的时代，大学生即将面对的是世界性的竞争。特别是随着我国综合国力的提升，和不同国家与民族之间交际的频繁发生，跨文化交际能力，已经成为一个人面对时代发展大势所应具备的竞争能力之一。面对着庞大的社会潮流与时代前进的步伐，较强的交际能力，就显得尤其重要。

（4）培养学生面对外来文化所应持有的客观、公正、包容的态度，也是进行跨文化大学英语教学的目标之一。在大学英语跨文化交际教学的过程中，尽量为学生们创建跨文化交际的实践性情境，引导学生在较真实的跨文化情境中去感受异域民族的文化，去认识与理解目的语言的民族文化，并且能够较充分地掌握语言与文化的运用，在此基础上做出自己的判断，进行分析鉴别，能够区别其中的精华与糟粕，取彼之长，补己之短。这对于大学生面对跨文化交际发展的国际态势，具有十分重要的现实性意义。

（5）对于获取异域民族文化信息能力的培养，也是跨文化大学英语教学的培养目标之一。随着互联网等各种高新技术的发展，获取各种信息的渠道极为宽泛。除了传统的报纸、刊物、书籍等纸质媒介，各种影视、录像、电脑网络等有声有色的工具，也为学生们学习英语以及了解英语民族的文化提供了极大的便利，是极为便利的方法与途径。这就对大学生们获取信息的能力提出了要求，要具备一定的文化自我判断鉴别能力以及获取的途径方法的操作能力，都要有着自我的判断与决定。

第四节　跨文化大学英语教学的原则

一、语言教学与双向文化教学

语言和文化相互渗透的关系使文化在外语学习中成为一种潜在的、非正式的课程，从文化角度进行语言分析能帮助学习者增强文化意识，提高语言的精通程度。克拉什姆（Kramsch，1993）注重文化教学“第二外语学习者必须成为第二种文化的学习者”。我国学者顾嘉祖、王斌华（2002）认为，在语言教学实践中，必须时刻注意语言与文化之间内在的联系，以交际为契合点，将文化内容与语言形式结合起来。与此同时，文化的学习涉及目的语文化和本土文化两方面。胡文仲（2004）认为“培养学生对英美文化的洞察力和敏感性的同时，也必须引导学生了解本民族的传统和文化及各种表现形式”。语言学家克拉申（Krashen，1982）提出“理解输入”理论，即只有较广泛地了解本民族文化知识，才能有效地理解和接受另一种文化。吴庄、文卫平（2005）用大量的研究实证表明母语文化对外来文化既是抵制力，也可以成为推动力，学习者对母语文化内涵的理解能力可以直接应用于学习者对目的语文化的深层理解。这一研究结果与认知教学法的主张不谋而合，认知结构论认为学习过程是认知结构的组织和再组织过程，语言学习过程实质上就是新旧语言知识不断融合的过程。在外语教学中，教师引出目的语文化的内容应该在学生已知的本土文化知识基础上，通过对比两种文化之间相似或相异的内容，加深对目的语及其文化的理解和学习。

二、双向文化导入

（一）双向文化导入的原则

1. 平等性原则

文化的形成都有着悠久的历史渊源，带有各自民族的烙印，因此只有在互相尊重的基础上，秉持平等心态，才能更好地去了解和吸收。双向文化导入包括两个层面：一是文化内容导入双向性。在教学过程中，教师可通过对比分析两种文化的共性和特性培养学习者的文化敏感性，尤其注意克服母语文化对学习的阻碍，当然还要避免产生其他语言文化优越于本民族文化的思想，以比较客观的、无歧视的、无偏见的态度来对待不同民族文化。二是文化导入的过程双向性。教师可在课堂教学中适当融入双向文化的内容，让学生了解所学语言里人们在特定环境中的语言行为规范，以及不同文化的人们与其社会约定俗成的言行准则，同时还要引导学习者运用所学语言向对方表达本族文化信息。

2. 交际性原则

培养学习者运用所掌握的语言文化知识进行有效交际是文化导入的核心，凡是影响跨文化交际成功进行的基本文化知识都应该向学习者明确阐释；对有助于提高语言学习兴趣、熟练运用语言的文化知识，也要及时补充。

3. 适度性原则

在教学过程中，既要明确文化导入对目的语言教学的促进作用，又需避免盲目夸大文化导入因素，忽视学习者对语言基本功的练习；语言仍然是教学的重心和归宿，文化的引入并不意味着教学核心的转移；教师可适度把握文化导入量与语言学习量的比例，促使文化输入利于学生理解语言。

4. 相关性原则

双向文化的导入应与课堂教学内容相关，围绕课程教材组织安排。可紧贴学习者的实际情况，根据他们的语言水平和接受、领悟能力，选择真实、充足、相关、简明的文化知识，合理运用各种方法，适度导入、由浅入深、循序渐进，实现语言知识运用与文化知识学习的相互融通。

（二）双向文化导入的内容

由于学生对社会和自然界的看法类似或比较一致，文化虽在不同环境下形成，但存在着大量共同之处。同时每种文化都局限于特定自然与历史条件，有其独特性，因此文化教学应侧重差异对比，培养双向文化思维习惯。具体可从以下几个方面入手。

1. 词汇的文化内涵不同

文化背景下词汇的蕴含不是一一对应的关系，词汇承载的文化信息和文化差异都需要教师细致阐释、深入分析。

2. 语法的文化影响

文化背景不同，语言的表达方式也各异。例如，汉语语法比较宽泛，结构词经常被省略，主要是通过句子之间的内部逻辑关系表达出来；而英语语法形式和意义高度一致，逻辑术语做结构词，表达明确、严谨。学生如了解这一思维习惯上的差异，可以取得事半功倍的效果。

3. 篇章的文化信息

语篇通常涉及目的语文化的背景知识，包括节日习俗、宗教信仰、价值观念、思维方式等，教师可引导学生挖掘文化信息，拓宽文化视野，文化背景知识越丰富，理解篇章内容能力越强。

4. 习语的文化差异

习语具有强烈的文化特征，是修辞手段的集中体现。教师可指导学生做些习语收集和对比，从而加深对双向文化的了解。

（三）双向文化导入的策略

1. 增加教材文化内容

教材是教学内容的主要载体，对教学效果起决定性作用。教材编写应利于语言教学和文化教育同步发展，首先考虑那些富含文化气息的语言材料作为学习语篇，其次融入母语文化及两种文化的比较，避免学生因缺失母语文化而无法准确运用目的语言表达本族文化的尴尬。

2. 发挥教师课堂引导作用

在外语课堂教学中，教师是主导者，教师应在教学实践中培养自身的文化意识，提高自身的文化修养，适时地向学生传授如何表达。

第二章

大学英语跨文化教育概论

第一节　大学英语教学中跨文化教育现状

一、大学英语跨文化教育的内涵

随着英语教学研究与实践的不断深入与发展，我们对语言教学的主要宗旨的认识也在不断地加深，比较典型的表现就是英语教育开始从结构教学法向以交际教学法转变。所谓结构教学法，就是注重语音、语法和词汇的教学。而交际教学法则是全方位重视大学生的语言交际能力的转变。而如果教学转向交际教学法则必然需要重视跨文化教育，只有重视跨文化教育才能使语言的交流变得更顺畅。

著名学者钱穆说过，人是文化之人，意思就是每一个个体都是在各自文化熏陶下成长起来的个体。例如，国人见面后的寒暄就是询问对方的年龄、收入，这是我们见面聊天、交流的一种方式，长期以来被我们视之为理所当然。但是，如果我们和西方人交往，西方人就比较忌讳第一次见面询问对方年龄、收入、职业等问题，因为这在西方人看来属于个人隐私方面的内容，陌生人不适合去了解，此即文化差异。为了进一步减少人际交往过程中的文化差异，就有必要对大学生进行跨文化教育。

所谓跨文化教育是指对受教育的对象——大学生进行的不同种类文化的教育过程，通过这种教育，引导大学生理解文化不同、克服文化差别与隔阂、拉近彼此距离，用以培养大学生平等、宽容、开放、客观的文化认同心理，掌握跨文化交流方面的各种能力，最终实现跨文化交流的顺利开展。实际上，跨文化教育的内涵近年来已呈现出交叉学科定义的趋势，文章在此处仅借鉴采纳通行说法。而随着地球村的逐步形成，联合国教科文组织对跨文化教育的界定具有了一定突破性和创新性，它认为跨文化教育是对某一文化的人类群体进行不同于自身群体文化的教育活动，这种教育能够促进文化多样性的尊重、理解、接纳、学习，其最终目的就是让受教育对象从理解、欣赏自身民族文化发展到鉴赏、理解其他不同种类的民族文化，如果可能的话，在学习他类文化过程中尽量克服歧视现象。联合国教科文组织召开的国际教育大会提出的跨文化教育的目的就是增进融合，尊重文化间的差异，减少各种形式的排斥，理解其他个体与其他国家，培养学生的跨文化适应能力，帮助学生在多元文化中更好地生存。联合国对跨文化教育界定的创新主要就是克服种族歧视、提倡民族平等。这种定义更加具有国际视野。

那么，跨文化教育有何重要意义呢?

二、大学英语跨文化教育的意义

1. 有助于大学生更好地理解教材

随着世界全球化进程的深入，世界各国人民的交往日益频繁，以出国留学为例，教育部的最新统计数据显示，2021年度我国出国留学人员总数为66. 21万人。其中，国家公派3. 02万人，单位公派3. 56万人，自费留学59. 63万人。如此众多的学生出国留学，需要这些留学生具备较好的语言交流能力。以英语为例，国外学者普遍反映，我国大学生口语能力相对较差。究其原因，是多方面因素造成的。语言学习先有输入然后再有输出，对于这种现象，我们首先要从语言输入的角度思考。语言输入的重要媒介则是英语教材。因此，加强跨文化教育能够促使大学生更加深入地去理解教材，理解英语世界文化现象，从而提高学生语言交流能力。

2. 有助于更好地培养学生语言交流的能力

一个民族的语言必然承载了这个民族的文化和所有的社会生活经验，反映了该民族文化的重要特征。只有了解了民族文化，才能够更好地掌握该民族语言。目前这已经是学界的共识。外语学习的起点肇始于学习者的文化背景。掌握一门外语对于不同国家、不同民族的人含义不同，毕竟我们的文化背景限制了我们的行为。比如美国人习惯喝咖啡，中国人习惯喝茶，这就是文化的差异造就的不同生活习惯。同时，母语界定了语言交流的内涵。母语与文化较大程度上影响了大学生英语学习的过程，因此，英语教学最重要的目标就是帮助大学生从他们自己的母语、文化中跳出来，学习了解其他种类的新的文化。因此，只有加强大学生的跨文化教育才能够更好地培养其语言交流能力。此即所谓站在对方的立场看问题。

3. 有助于减少不同民族间的歧视，增进彼此了解及融合

美国政治学家亨廷顿因在《文明的冲突与世界秩序的重建》一书中提出"文明冲突"观点而闻名。亨廷顿认为在冷战后的世界，文化和宗教的差异而非意识形态的分歧将导致世界几大文明之间的竞争和冲突。他生前的好友、哈佛大学荣誉退休教授亨利·罗索夫斯基评价他，显然是过去50年中世界上最有影响力的政治学家之一。跨文化教育则有助于各个不同民族之间的交流与融合，增进彼此了解，减少歧视与误解。

那么，如何实施跨文化教育呢?

三、大学英语跨文化教育的实施途径

1. 加强大学教师的跨文化教育素养

师者，所以传道授业解惑也。因此，要加强大学生跨文化教育，作为教师首先需要具备跨文化素养。这就要求大学英语教师为了适应社会的多元化的需要，抛弃本民族文化本位主义，放眼多元文化视野，提高自身跨文化素养。当遇到不同背景下的学生时，能够理解各种文化差异，为来自不同文化国度的学生提供公平的学习锻炼的机会。

2.加强大学生英语教材跨文化内容教学

要深入挖掘重组教材的文化内容，需要把语言教学中文化学习融入英语世界的社会文化背景、道德观、价值观，进一步扩大语言学习和文化学习的层面，使学生深入领会英语教学的文化精髓，提高他们使用英语的准确性和得体性，开阔学生的视野。比如"behind the eight ball"，字面意思就是"第八个

球的后面”，其实其真实意思是“in a difficult situation”，即处于困境之中。再比如说“The 6400 dollar question”，从字面上，好像是六万四千美金是什么，其实其真实意思是“最重要”，相当于“the most important thing”。因此这就是跨文化教育重要性的体现。

要重视跨文化教育中的能力教学，尤其是听、说、读、写训练教学。英语教育被应试扭曲的后果就是“哑巴英语”现象。“哑巴英语”教学的形成，主要是我们教育者过于追求学生成绩排名，从小学到中学，直至大学，无不如此。虽然教育主管部门多年来一直在推动素质教育，包括英语素质教育，但是巨大的升学压力，让所谓的素质教育大打折扣。即使课堂上教师为了迎接检查，搞了素质教育，但是课后，教师为了追求成绩，却额外加重学生负担，鼓励学生参加各种学习培训，包括英语培训。这已经是众所周知的现象。因此，我国英语素质教育、能力训练任重道远。

3. 加强中外大学生英语学习中的跨文化教育活动

加强中外大学生之间的双边、多边交流，是进行跨文化教育的重要手段与方式。比如中俄之间最近几年交流尤其是文化交流比较频繁，大学生跨文化教育可以适当利用双边交流机会，增强对彼此的了解，否则就会闹笑话。比如某大学国际文化交流学院的中文系老师在课堂上说，中文中“上与下”有时候可以表达同一个意思，“粉笔掉到了地上”，我们也可以说“粉笔掉到了地下”。有一次该教师到学生宿舍访问，国际文化交流生说：“请老师坐到床下。”让中文老师哭笑不得。

除此之外，最近几年，中国和他国文化交流活动也明显增多。例如华南理工大学英语语言中心（以下简称“语言中心”）2022年秋季学期成功举办了包括英语角、雅思口语技巧、英语语音发展史等多项特色跨文化活动，邀请多名外教与同学们进行思想交流与碰撞，获得了大家的一致好评。为进一步丰富校园文化，提升国际校区广大学子的英语能力、跨文化意识及英语讲述中国故事能力奠定坚实的基础。

第二节　大学英语教学中跨文化教学问题

在我国目前的高校中，大学生们经过了从小学开始的英语教学，基本都掌握了一定的英语词汇与对话能力，具备相当的语法知识，在这一方面，我们的学生们甚至已经超过了教学大纲的规定。可是，就是如此丰富的词汇量与语法知识，为什么我们的学生面对着用英语进行写作与阅读，依然不能够进行准确的表达与理解呢？探究其原因，与他们在接受教学过程中缺乏关于英语民族的文化知识有着很大的关系。因此，当他们遇到同本民族文化观念相左的冲突时，就会产生无法掌控的运用与理解的错误性判断。因为，“文化具有独特的民族特点，是不同民族在特殊历史、地理环境里的独特创造”。这样，在我们的大学英语教学过程当中，大学英语教师有责任同时也有义务进行有意识的大学英语跨文化内容的教学，培养学生们的跨文化意识，引导学生们尽可能多地了解一些异域民族文化，为消除因为不同民族之间的文化障碍做好准备，从而保证学生在跨文化交际中能够顺畅流利地进行。

纵观国内外关于跨文化交际研究的各种理论文献资料，在西方欧美国家，其实最早可以追溯到20世纪二三十年代，就已经开始对于语言与文化之间存在的紧密的不可分割的关系给予关注与认识。美国的语言学家萨丕尔（Sapir）早在1921年就曾经说过这样的话：“语言有一个环境，语言不能脱离文化而存在。”英国语言学家拜拉姆（Byram）也曾经说过：“语言是学习文化最丰富的源泉。”其实，多年来，有很多的国内外成功人士由于需要在进行跨文化交际的过程中，因为缺乏相关的跨文化交际知识，欠缺对于自身的跨文化交际素质的培养，因此，在进行跨文化交际过程中出现了种种问题，从而影响到自己的跨文化交际效果。有很多的实例都表明，无论是在进行政治、经济还是文化交流过程中，因为缺乏必要的跨文化交际知识与技能，从而导致自身在跨文化交际的工作、学习乃至于生活、交往中出现不适应甚至是应对乏力的结果，以至于最终造成跨文化交际出现问题抑或是交际失败、抑或是无法进行顺畅的沟通。因此，基于跨文化交际的实践需要，其实从很早就开始，在学习外语进行跨文化交际的时候，有意识地融入目的语言民族文化有关的背景知识、价值观念、文化习俗、思维方式、行为规范等方面的相关知识的学习，而不仅限于对于目的语言的单词、语言、句子结构等方面的知识的学习记忆。人们在跨文化交际的实践当中已经深刻地认识到了对于目的语言民族文化的学习，对于语言学习的跨文化交际目的有着相当重要的意义。其实，所谓的跨文化教学，若是从学理的意义范畴进行界定的话，那就是对呈现出某一个文化特征的语言群体进行的、有关其他语言群体的文化的教学活动。目的是更好地引导以获得更多的跨文化知识，树立自身平等、包容开放的跨文化交际心理空间以及其客观公正的跨文化交际观念与世界的意识。从而在此过程当中形成自己有效地进行跨文化交际的理解、取舍、判断、合作和传播等方面的能力，以求通过在教学层面的努力，更好地消除解决跨文化交际实践中可能发生的文化冲突矛盾，构建起人类社会和谐的跨文化交际氛围，在共赢的基础上促进人类社会的和谐交流发展。

我国的大学英语教学目前由于受到传统教学方法、应试教学思想以及大学扩招以后大班级和课时压缩等种种原因的影响，语言教学主要还是以传授语言知识、培养语言技能为主，文化教学一直受到冷遇，导致了语言教学和文化教学的分离。学生的社会文化能力偏低，“有知识没文化”的现象普遍存在。具体分析起来，原因很多，但是不可否认，教师跨文化教学意识和能力有待提高、学生跨文化交流意识薄弱、急功近利的应试教学思想、教学大纲缺乏明细化、教程设计和教材编写存在瑕疵都是目前我国大学英语教学中跨文化教学客观存在的问题。

一、大学英语教师的跨文化教学意识与能力达不到时代与社会发展的需求

1. 教师缺乏跨文化教学的意识与视野

胡文仲教授（1997）对大学英语教学目标的三个层次的划分，客观、全面地勾勒出大学英语教学的基本目标和价值追求。在实现这个目标的过程中，

教师起到了关键的作用。教师虽然处于课程设计的终端，但是作为课程教学的操作者，教师是达成课程目标的最终决定者。一个理想化的课程只有在教师层面依然是理想的，才是真正意义上的理想课程。因此在大学英语教学中，教师起到了关键性的作用，跨文化的英语教学必须通过从业教师的跨文化专业素养得以保证。大学英语教学必须应该明晰的一个教学理念就是，我们的外语教学是为了使学生能够更好地认识理解目的语言民族文化，很好地消除不同民族之间存在的文化壁垒，从而培养起外语学习者正确的跨文化交际意识与能力。但是，在我国传统的外语教学当中，并没有能够将外语的语言学习同交际联系起来，只注重了学生的语言能力培养，却根本未能给予语言交际以应有的关注与重视，更没有能够很好地引导着学生对母语文化同目的语言文化之间存在的差异性进行必要的理解与认识。根据交际能力的相关理论来看，我们要对语言能力与交际能力这两个不同的概念有着清晰的认识。交际能力，同一个人的语言能力，这是完全不同的两种能力。一个人拥有了语言能力，并不能够等于这个人就拥有了交际能力。而语言知识，也不能够等同于语言的运用能力。我们进行外语教学，其目的并不仅是为了传授目的语言的知识技能，更多的是为了使语言学习者能够在掌握了目的语言技能的基础上顺畅地同目的语言民族的人进行沟通交流。也就是说，对于外语知识技能的学习，最终是为了能够对外语知识技能更好地进行应用。因此，在这一语言学习的过程中，外语教师作为学生学习语言的主要指导者、引导者，起着帮助语言学习者在目的语言文化与母语文化之间建立桥梁纽带的作用。但在具体的外语教学实践当中，有一部分外语教师自身的跨文化意识就非常淡薄，在教学过程中，仍然认为应该以目的语言的知识技能传授作为课堂外语教学的主要内容。这样，就必然导致大学英语教学中对于文化因素的轻视，而只注重了对于英语语言知识技能的传授。在学生们学习英语的过程中，只注重了对于学生是否能够正确流畅地应用英语的知识技能，而忽略了将语言知识技能同现实的语言应用情境相联系，从而培养目的语言学习者对于目的语言的综合应用能力。此外，我们的大学英语教师，不仅是英语的语言知识传授者，同时，还是文化的传播者，肩负着将本民族文化向世人传播的使命。因此，这就需要我们的大学英语教师自身也必须具备一定的文化素养，对于本民族的母语文化传统与目的语言民族的文化都有着一定的认识与理解，从而在教学的过程中使目的语言的文化知识内容同本民族的母语文化内容达到平衡，在教学过程中潜移默化地培养起学生们的平等跨文化交际观念与意识。若是教师自身都不具备上述的能力与意识，那么，就无法很好地引导学生深入地理解认识目的语言的文化背景知识，从更深层的层面理解和认识语言结构背后的文化内涵，对于不同民族文化之间存在的差异性，也无法进行正确的理解。为了能够更好地培养外语学习者的跨文化交际能力，在我国当前的外语教学过程中，必须通过对中西方文化因素之间的比较、参考、融通等多种方式，使我们的学生能够真切地了解并且掌握不同民族之间存在的文化差异性与共同性，使学生们在自己的意识之中树立起正确的理解能力与认识能力。

外语教师的基本职责之一就是引导学生对目的语言的文化背景进行一定的理解与认识。在教学过程中，除传授给学生们必要的语言知识技能之外，还必须承担起学生们进行跨文化交际能力培养的文化桥梁纽带作用。教师在进行大学英语教学的过程当中，只有很好地扮演这一桥梁的角色，才能够使自己的语言教学真正得以成功。成功的语言教学，不是帮助学生们掌握了多少目的语言的知识技能，而是真正地对于学生的语言综合应用能力的培养与提升，是对学生的跨文化交际能力与意识的培养与提升。这就要求我们当前的大学英语教师要具备不断更新自己教学观念的意识，在英语教学的实践过程中不断地积累跨文化交际的相关知识与能力，首先在自己的意识当中树立起正确的跨文化交际意识，并且有意识地去提升自身的跨文化知识技能，从而使自我的跨文化素质与意识观念在教学实践当中不断得以深化、内化。

跨文化交际教学在外语教学中的有效实行，外语教师具有十分重要的责任。因此，首先教师自身素质培养中就必须具备跨文化交际的意识，从多层面、多角度来拓宽自身的跨文化知识视界，从更深刻的角度来对跨文化内涵进行理解与认识，这样才能够成功地将跨文化交际教学融入我们的大学英语教学中。我们大学英语教学的培养目标是既能够对英语民族的事物与文化进行英文的正确表达，同时，还能够对本民族的母语文化与事物进行英文的正确表达与阐释，能够用英语这一世界通用语言将我国优秀的传统文化向世界各国人民传播出去，更好地实现中外交流过程当中的文化平等、平衡发展。面对着全球一体化发展的态势，我们的外语教学亟须树立的不仅是“知彼”的文化观念，同时，还必须树立起“知己”的文化意识。也就是说，在我们的外语教学过程中，不能只关注对于目的语言民族文化的传授与介绍，同时，还要对本民族的母语文化具有一定的认识与理解。只有这样，我们的外语教学才真正实现外语教学的目标，将中国的传统优秀文化面向全世界进行弘扬，真正实现外语教学沟通中国与世界的桥梁纽带作用。

2. 教师重视对于“目的语言”民族文化的传授，忽视“母语文化”的渗透

随着全球性的语言教学中文化意识的提升以及对于在语言教学中融入文化教学的重视，我国的外语教学也在不断地改革。随着外语教学改革的不断深化，在外语教学当中融入文化教学，已经受到了我国外语教学界的重视。无论是外语学界的理论研究，还是外语教学界的教学实践过程中，对于外语教学中的文化教学，都在有意识地给予关注。相应地，大学英语教学过程中的跨文化交际意识的培养，也在不断地得以提升。但是，随着外语教学对于文化教学的关注与重视，却出现了新的问题，那就是在外语教学过程中，给予了目的语言民族文化以过分的重视与关注，而忽略了在外语教学中有效地融入母语民族文化传统知识内容的渗透，缺乏对母语文化的认识与理解，从而导致外语教学的结果就是学生们不能够很好地运用目的语言对母语文化进行必要的表达。我国外语教学界这一问题的出现，充分地表明，我们的外语文化教学存在着问题。外语教师并不能够对母语文化在跨文化交际中的重要意义给予正确的理解与认识，不能够进行正确的判断，缺乏面对异域民族文化应有的批判意识，不能够深入地理解认识不同民族之间存在的文化差异性与共同性。由此可见，我们的外语教师们普遍地缺乏较深厚的两种语言文化的应用能力。教师文化素养的不足，直接导致的结果就是学生文化素养培养的缺失：一方面，必然要影响到学生对于异域民族文化的理解、认识与判断，面对庞大繁杂的世界文化宝库，不能够正确判断该对哪些优秀的文化进行正确的鉴别、吸收；另一方面，则会导致因为自身不具备对于母语文化的正确理解与认识，从而无法在跨文化交际当中对母语文化中的优秀传统进行很好的传播与弘扬。要明白，无论是对于母语

文化还是对于目的语言的民族文化，忽视任何一方，对于跨文化交际能力的培养来说，都是相当不利的。纵观当前我国的整个外语教学界，对于母语文化传统的忽略，是一个不容置疑的事实。在我国当前的外语教学界，只是关注甚至是一味地强调对于目的语言民族文化的传授，却很少有人对母语文化给予相应的关注与涉及。特别是随着跨文化交际形式的迫切发展，英语教学在我国教学中占据着相当的重要位置，也致使英美民族的文化在我国得以广泛地传播与蓬勃的发展，相对于此，母语文化在外语教学中的地位却呈现出弱势的发展态势。在我国当前的英语教学过程中，母语的文化传统大有被英美文化教学侵吞之势。最鲜明的例子就是在跨文化交际时的无知，在同西方人进行跨文化交际时，因为缺乏一定的中国传统文化的素养而不能够对中国文化元素进行很好的表达，同时，在跨文化交际过程中，还呈现出独立文化人格的缺乏。特别是当西方的一些同道在交流过程中怀揣敬畏之心来了解中国传统文化的孔孟之道时，我们的学者却表现出了表达上的匮乏，从而只能够顾左右而言他。这只是其中的一个例子。也有一些博士生，具有一定的英文表达的基础与能力，对于中国文化也具备相当的素养与底蕴，可是，当他们进入真实的跨文化交际情境当中时，平时在汉语交流中表达顺畅的中国文化元素，却在英语表达的匮乏之极。这就是我们所说的“文化失语症”现象。就如南开大学从丛教授所说的那样，“中国文化失语”是我国英语教学的缺陷。因为，在正确的跨文化交际过程中，绝对不可能只是单方面地对交际对象文化的理解与认识，交际是一种双向的交流过程，这就有一个关于文化共享以及文化影响作用方面的问题。甚至可以说，在某些情况下，文化共享与文化影响力，对于跨文化交际来说，具有重要的意义。若是说，在过去传统的英语教学过程中，由于缺乏目的语言民族文化教学而导致跨文化交际过程中产生交际障碍与交流失误，那么，在英语教学中，我们母语文化传统教学这种近乎空白的状态，则在跨文化交际过程中产生的负面作用，可以说后果是更严重的。这样就需要我们在大学英语教学过程中，对于目的语言民族文化与母语文化传统的传授与培养并重，在跨文化大学英语教学中，既要注重对于英语民族文化知识内容的传授与文化素养的培养的同时，也不能够忽略对于中国文化元素的英文表达能力的训练与培养，只有如此，才能够更好地培养英语学习者所应具备的文化差异敏感性、宽容性、包容性以及处理解决跨文化交际问题的灵活性能力。

3. 英语教师缺乏必要的跨文化知识

从师资层面看，研究表明很多外语教师意识到跨文化交际能力培养的重要性，并具备一定的跨文化敏感度，但对跨文化能力概念模糊；教师在培养学生跨文化交际能力的过程中更多的是传授学生语言文化知识与技能，而对学生跨文化态度和跨文化敏感度的培养涉及较少，且所授语言文化知识流于肤浅片面，不成体系。

在教法上教师课堂教学行为与跨文化交际认知并非完全一致。由于教育改革中学分缩减的教学实际，且文化教学目标和内容要求不明确，跨文化能力评估主观性太强等，很多教师常常把主要精力放在语言教学上面。当教学时间有限时，文化教学常作为语言教学的附属品，为语言教学让步。课堂常缺乏教学互动及跨文化交际体验或模拟训练。学生学习趋于被动，没有养成主动探索多元文化知识与积极反思本民族文化的学习习惯。正如张红玲指出，在外语教学发展到开展跨文化教育、培养学生跨文化能力的重要阶段，“更新跨文化教学理念、创新跨文化教学方法是当务之急”。

二、学生跨文化意识与交际能力薄弱

很长一段时间以来，在我国的外语教学当中都缺少关于目的语言民族文化学习的环境与氛围。在我国有效的国民教学中，只注重向受教学者进行相关的语言知识技能的灌输，而忽略了关于应用能力的培养。而且，因为整个教学体制与应试教学的作用，一直以来，在外语教学过程中，我们采用的最经常的方式也是以学生对于英语语言知识点的背诵为主。而学生们学习英语最主要的目的也就是为了能够考一个好的成绩，为选学校加分。对于大学生来说，学习英语的目的就是为了能够顺利地通过英语四六级考试，或是规避因为英语不合格而为拿大学毕业证设置的障碍。由此可见，在我们的大学英语教学过程中，考试的目的是最主要的主导性因素。

从全国的外语教学条件来看，对于外语教学的投入、教学发展的整个形势同学生数量的增加，很明显地存在着不平衡的现象。而且，就当前的大学英语教学的整体情势来看，明显无法跟上社会经济飞速发展与时代对于大学生英语人才的需求。除此以外，相对于不断增长的学生人数来说，大学英语教师的人数就显得有些不足，而且，教师的英语素质也有待更进一步的提升。因此，面对着不断增多的英语学生数量，有限的教师就很难做到因材施教。而对于学生们来说，因为拘囿于大学英语四六级考试的限制，基本都将更多的关注投在了英语考试的知识点与书本知识的学习上，而很少去关注自己对于这些知识的应用能力的培养。对于学习英语知识的实践性环境来说，不管是在学校的学习，还是整个社会、家庭，基本上都无法提供英语学习者所需要的实践性环境来供他们进行英语知识的实践应用。即使是那些具有较强的英语表达能力的学生，其关于跨文化交际的能力与所需了解的相关跨文化交际知识，也是相当薄弱的。这一问题，当他们的语言知识与能力提升到一定的高度与水准之后，其在文化方面存在的知识欠缺性就会很明显地表现出来，形成他们跨文化交际中的障碍。举例来说，比如对于交际策略、礼貌原则的了解等，因为知之甚少而发生误会冲突，是时有发生的事情。在具体的跨文化交际当中，因为语言的失误，是很容易得到交际对象的谅解的，而若是语用的失误，则很容易造成误会冲突。一个能够讲一口流利外语的人，却不知道得体运用语言的相关知识，这是很难得到交际对象理解的，很多跨文化交际中产生的失误与摩擦就是这样发生的。语言学家沃尔夫森（Wolfson）曾经说过："在与外国人交流时，语用失误往往比语法错误更糟糕，因为英语为母语者能够容忍发音、句法方面的错误，但是，由于没有意识到社会语言的相对性，他们认为违反英语语用规则是极其不礼貌的。"

因此，对于一个能够流利地讲一口外语的人来说，在其背后其实隐藏着一种文化的假象，那就是很容易就被人误会他已经很充分地掌握了这种语言的背景文化以及价值观念等方面的知识。因此，在交际过程中出现的语用失误，往往会被交际对象认为是有故意之嫌。这样，导致发生误会冲突的可能性就增加了。我国当前的大学生们在学习英语的跨文化交际知识与能力时，极为普遍存在的一个问题就是母语文化知识的不足，缺乏母语文化素养的培养，没有能够掌握较为系统的母语文化的传统知识。我们正置身于一个构建民族先进文化的新时代，对于新的人文精神有着极热切的呼唤，而关于母语人文素养在学生综合素质中的构建与培养，是学生自身修养的一个基本层面。这对学生的价值观、世界观的形成与培养有着较直接的影响作用。在这个多元文化的时代，面对着纷繁而来的世界各民族文化，西方的先进科技以及一些国家的时尚元素，都在有意或者无意地影响着我国学生们的世界观、人生观和价值观的构建。因此，在学生当中，特别是当代的大学生当中，倡导弘扬民族优秀的文化传统，增强学生们学习民族文化传统的自觉意识与自觉性，是我们的民族血脉之根得以延续的极好途径。此外，在外语的跨文化交际学习过程中，需要以母语文化作为学习的参照对比物，而较高的母语文化素养与母语知识能力，必然会在跨文化交际的学习过程中起到正迁移的作用，为学生的跨文化交际能力以及综合素质的提升，起到积极的促进推动作用。因此，就当前我国以及全球的发展情势来看，我国大学生急需进行跨文化交际能力的培养与学习，通过跨文化交际教学，使大家形成平等、宽容、包容和开放的文化心态，帮助学生们建构起较成熟的跨文化心理与跨文化意识，在此基础上使大家具备较强的跨文化交际能力。

三、跨文化教学受急功近利的应试教学思想制约

国人对大学英语四六级考试过分地重视，使得大学英语的学习被赋予了太多语言、文化之外的功利性目的，学习行为具有明显的符号化、功利化。随着各种考试纷至沓来，分数与证书取代了语言文化本身的意义。学生们疲于适应各种定量化、标准化的英语考试，语言技能机械化训练充斥着大学英语课堂，原有的水平测试让位于学位考试，具有了浓重的功利取向。当大学英语四级考试的通过率被作为评估各个高校教学水平的一个重要标准时，高校牺牲文化教学来换取英语四级通过率就不足为奇了，大学英语四级考试也就顺理成章地几乎成了大学英语教学的全部。大学英语四六级考试是主要侧重于学生的

听、说、读、写、译能力的一种综合测试，是以语言技能的测试为目的的。事实证明，语言技能的训练是非常必要的，但仅掌握语言技能的学生是跟不上时代潮流的。许多怀揣着英语四六级高分证书的学生在实际的跨文化交际中表现得手足无措，尴尬无奈。这应当引起人们对大学英语教学的思考。英语教学中，文化的教学和语言技能的培养其实并不矛盾，它们应该是互相补充、互相促进的。抽离了文化的语言学习只能是流于技术层面的空洞的语言操练，而离开了语言知识和技能学习的文化教学，必将成为镜中花、水中月。

四、跨文化课程设计和教材存在瑕疵

由于教学大纲缺乏明确系统的跨文化细目，教材课文和习题中纯语言知识“一统天下”。教材应成为语言知识和文化知识的载体，充实跨文化内涵，纠正纯语言性偏向，结合文化背景知识和跨文化交际技巧设计课后习题。虽然目前高校采用的一些教材也重视文化因素，教学内容也都一般围绕一个特定的文化主题来开展听、说、读、写的语言技能训练，在强化语言技能的同时领略西方的风土人情。但是教材中大量的语言技能主要涉及知识文化或是微观层面的语言能力，而不是宏观上的社会文化能力。在有限的课堂学时内，师生们为了完成繁重的语言学习任务，往往不得不牺牲掉文化教学，这样一来，提高学生的社会文化交际能力无从谈起。因此文化教学也成为一纸空谈，处于名存实亡的地位。

就跨文化意识与能力培养而言，国内现有大学英语教材还普遍存在跨文化内容含量少、过于简单、缺乏系统性等不足。研究表明，尽管现行教材关注教学过程中跨文化交际能力的培养，在内容方面也尽量做到语言材料与文化内容的融合，但有英美文化取向突出、非英语国家文化边缘化、中国本土文化及比较文化内容不足的倾向。本土文化内容偏低，使教材未能在“中国文化走出去”和“加强中国价值的国际传播”过程中发挥更大的作用；而较为单一的英美文化语境建构，使学习者在接触其他国家英语变体时，“其构建的意义潜势系统不能有效地服务于意义解读和语篇生产”。康莉、徐锦芬还指出，尽管现行教材很重视目的语文化的输入，但在教材编著中强调目的语的表层文化，忽略目的语深层文化的内容，学生容易因为未能触摸到文化的内核而出现理解障碍。针对外语教师的一项调研也表明，当前大学英语教学过分强调英美文化，忽视母语文化，导致中国文化失语症的出现和文化比较的缺失；且教师对“课堂教学中的英语”的理解较保守，大约一半的教师认为课堂教学中的英语应该是“规范的英语”，即主流国家的英语。

纵观当前我国大学英语教学中所用的教材，具体来说，在跨文化教学方面存在两点不足。

1. 大学英语教材存在内容偏狭、过时问题

尽管教材中包容的知识面较宽泛，但是，对于大学英语的跨文化教学的相关内容来说，则存在着内容偏狭、过时的问题。在当前我国大学英语教学所用的教材当中，有关跨文化教学的内容，基本都是浅尝辄止的背景文化介绍，而根本就没有进行立足于跨文化教学视野的设计与阐释，有关的跨文化教学的相关知识内容，基本都是一带而过，根本就没有进行较为详细的描述，而且，很多教材中所选课文中的文化内容，存在着偏狭、过时的问题。就现在各大高校所选用的英语教材，课文中关于文化的内容多限于日常生活的内容，而关于目的语言民族中社会文化存在的阴暗面以及一些有争论的社会文化问题，基本没有任何涉猎。当然，教材的这种从正面思想进行选择教学的理念具有一定的道理，但是，相对于现实的学生综合素质的人文培养来说，是很不利于建构起学生对于目的语言民族文化以及社会的深入理解、认识和判断的思想体系的，不注重引导学生们对于目的语言民族存在的一些问题以及社会的真实面目进行认识，在学习的过程中不注重对于学生们关于社会文化现象进行自我思考与鉴别，这是一个对学习机会的极大浪费。其实，一个人关于跨文化意识与思想的建构体系中，在很大程度上都是在对跨文化交际中存在争议性的问题的思考与判断中逐渐建立起来并得以提升的。

2. 关于中国本土的母语文化的缺失

在当前我国大学英语教材中，即使存在着一定内容的文化知识，但是，也基本都是关于英美民族文化的知识内容，而对于中国本土的母语文化，则是

少之又少。《高等学校英语专业英语教学大纲》对文化素养的教学要求就包括“熟悉中国文化传统”，大学英语教学大纲还缺少相关规定，教材更是缺乏汉语文化信息。教师需要克服教学大纲的局限，寻求文化共性，发现文化差异。中国文化是大陆文化，强调“天人合一”的整体和谐，我们崇尚集体主义，思维形象属螺旋形。西方文化是海洋文化，强调“天人分离”，崇尚自由主义，思维形象属直线形，这些都是学生在学习大学英语时应该熟悉的中西文化的基本差异。此外，教材的编写应适度地增加汉语文化知识，这对学生了解英语文化和汉语文化有直接的推动作用，使学生的汉语文化水平和英语文化水平同步提高。跨文化大学英语教学的障碍不是来自对英语文化的不了解，而是对英汉两种文化之间差异的不了解。大学英语教学需要比较中西文化的不同，关注中西文化的联系，克服跨文化的障碍，我国当前的大学英语教材中存在着一种以灌输英美文化为文化教学目的的错误思想，事实上，大学英语教材中这种错误的文化导入思想，同我们对于跨文化交际人才的培养目标以及英语教学大纲中关于跨文化交际的规定根本不相符合。于是，绝大多数的学生在大学毕业，通过了四六级甚至英语专业毕业之后，都不知道像《红楼梦》《水浒传》《三国演义》等中国古典文学名著在英语中该怎么翻译。我们的大学生在与西方人交往时，始终显示不出来自古文明大国所应具有的深厚文化素养。因此，教材的编写应当中西方文化并举，适当增加汉语的文化知识，这对学生了解目的语言文化和母语文化具有直接的推动作用，使学生的中国文化水平和英语文化水平同步提高，跨文化交际，是一种双向的、平等的、开放的、包容的交流活动。

第三节　跨文化大学英语教学实践探索

基于国内高校大学英语教学现状，有效地进行跨文化大学英语教学，更好地培养学生的跨文化交际能力应注意以下几方面的问题。

一、全方位多渠道的大学英语师资培养体系

教师是确保跨文化教育理念得以贯彻落实的重要保障。培养具有国际视野和跨文化交际能力的高素质人才，首先要优化师资队伍建设，使他们最终"在课堂上落实文化教育理念"。外语教师多具有文学与语言学教育背景而缺乏系统的跨文化培训。为了实现语言教学向跨文化能力教学的转变，大学英语教师应该研读跨文化交际领域的理论著作，学习国内外跨文化外语教学的最新理念与实践。跨文化教学跨学科特点明显，因此，教师还必须具有良好的文化素养、开阔的文化视野和较强的科研能力。大学英语教师可以充分利用国内外优质慕课资源，通过各种师资培训平台，加强专业学习，拓展教学技能，提升教学能力；也可跨境跨学科攻读博士学位，优化知识结构，拓宽文化视野，提高文化素养和科研水平。同时，学校还可以利用国家和省留学基金和校院专业研修课题等多种渠道，建立外语教师专项文化培训及进修机制，如派送教师赴英、美、澳、加等英语国家高等院校进行访学和交流，体验西方文化，考察西方高等教育，提升大学英语教师的教学创新能力和跨文化交际能力。

二、分层次多样化的大学英语课程设置

跨文化大学英语教学立足于大学英语语言教学，因此培养学生的语言能力是基础。跨文化大学英语教学的内容首先是微观层面的"语言能力"教学，包括语音、词汇、语法、篇章等语言知识和听、说、读、写、译等语言技能；在此语言基础教学中嵌入语用能力和社会文化能力的培养，如日常生活言语行为和非言语行为、礼仪规范、价值理念等。让学生感受和领悟语言表层与文化内涵的微妙关系，将语言和文化规则内化为言语行为准则，逐渐形成跨文化意识和训练跨文化行为能力。大学英语课程在教育国际化的进程中应避免教学内容肤浅化、教学过程娱乐化的倾向，增加跨国界和跨文化的内容，提高对学生的思维挑战性。

在教学实践中，大学英语课程设置应涵盖必修课和文化选修课程；并尽

可能根据学生的专业要求合理设置与专业相关的特色课程，以实现大学英语课程结构“必修课和选修课平衡、输入与输出平衡、语言与文化平衡”。

诸多高校近年来积极推进教学改革，根据学校实际，制定个性化教学大纲，构建具有本校办学特色的大学英语课程体系，培养具备跨文化交际能力的复合型人才。大学英语课程分为通用英语（语言基础技能）类课程和拓展课程，其中拓展课程分为跨文化相关的通识类课程和专门用途类课程。并开设有学生自由选择的英语人文校选课程。跨文化系列课程和英语类人文校选课程以讲授中西文化和跨文化知识为主线，包括英美国家社会与文化、古希腊和罗马神话、圣经与西方文化、英语习语与英语文化、西方文化史、西方人文经典导读、中国文化（英语开设）、跨文化交际、跨文化话语研究与中国形象等。专门用途类课程包括英语演讲、商务英语写作、商务英语听说、科技英语写作、科技英语语篇阅读与翻译等，为学生提供多样性的课程内容。大多数学生在第一至第二学期完成通用英语教学，第三至第四学期修习拓展类课程。基础阶段的跨文化教学主要是将跨文化知识和意识融入通用英语课程，跨文化类课程群则突出系统性、整体性和开阔的学科视野，让学生熟悉和了解外国文化，理解不同文化的价值体系，正确评价中外文化差异，培养多元文化理解能力。此外，大学英语教学面对的是众多非英语专业学生，因此跨文化教学需兼顾各专业学生自身发展和未来职业发展需要。与专业特性相关的专门用途类课程，也将培养跨文化交际能力纳入目标，比如商务英语写作或听说，可帮助学生了解亚洲、英美、欧洲及阿拉伯国家等不同的思维模式、商务决策心理及商务谈判习惯等，熟悉行业术语、规范及交际惯例，并了解国际形势和个人社会责任，帮助学生获得进行有效跨文化交际的能力，个人情感和行为能力也得到发展。

跨文化大学英语教学秉持分层、分类、持续、多元的原则，提供特色互补的丰富课程，以本内特（Bennett）所谓的“一般意义上的文化”知识学习，为学生拼装“文化地图”，使学生有信心面对来自不同文化的沟通挑战；将系统性的语言文化训练与跨文化教育理念倾注在教学的各个环节，有助于切实提高学生的跨文化交际能力，实现相应的人才培养目标。

三、多模态多语境的混合式英语教学模式

多年来对高校课程或外语教改实践的研究一直没有间断。在传统的“教师+教材+教室”的教学中，教材决定教师教学的内容，导致教学内容固化；教师负责传授知识、提供答案、演示技能，学生长期过度依赖教师，导致师生关系固化；学生缺乏学习主动性，自主学习和创新能力低下，批判性思维匮乏。随着互联网和云服务技术的快速发展，多模态、多语境的信息化时代改变了信息和知识的传播模式，人类学习的方式也随之发生根本性的变化，多元文化的教育环境和社会环境对跨文化交际能力培养既提出新要求，也提供支持。

混合式教学模式将传统的课堂面授模式和网络自主学习模式相互融合，形成优势互补，在教学交互、教学内容和教学时空等方面优于传统教学和网络教学，在国内高校外语课程教学中具有良好的适用性。跨文化大学英语教学可有机地将课内课外、线上线下进行混合，发挥两种不同模式的优势，从而达到理想的教学效果。

由于教材是实现教学目标的主要手段，是促使学生与不同文化进行交流、从而明晰自我文化身份以及文化身份重构的重要媒介，混合式教学法的课堂面授，须注重教材的开发利用。尽管国内现行的大学英语教材在文化比例配置上稍显不足，但各大出版社出版的大学英语教材结合“学生中心”“主题教学模式”和“体验式学习”等先进理念编写，还配备了网络版教材，向多媒体课件及网络教学平台延伸，供学生自主学习，以培养学生的英语交际能力，总体“得到广大师生的认可”。对于这类教材，我们应充分研究现有资源的使用方法，提高其利用率。比如针对教材中注重英美文化知识的倾向，可借鉴Byram的跨文化教学模式，采用“发现”和“比较”维度，以课本为起点，引导学习者对比教材中的文化现象与本民族文化现象，开展有意义的跨文化教学。此外，跨文化方面有一些优秀教材，如清华大学出版社的《大学英语跨文化交际教程》、高等教育出版社的《跨文化交际视听说》、外语教学与研究出版社的《中国文化英语教程》等也获得了师生良好的使用反响。有条件的高校也可结合本校办学特色和学生需求尝试自主开发跨文化交际教材，如苏州大学

自编的《中华文明与苏州文化英文导读》及《跨文化交际与地球村民》，山东大学自编的《英语话中华》等。

基于所选用的教材，在课内，教师可以通过信息技术，演示课本教学内容或课本外的拓展内容，以学生有切身体验的事例或现实问题组织学生用英语展开讨论，运用情景模拟、角色表演等鼓励他们进行现场体验和文化对比，在此过程中完成讨论、反思与制订后期学习计划；课外学校应组织丰富多样的第二课堂活动，以留学生讲座或联欢、合作项目学生经验交流、戏剧表演、英语角主题讨论、夏令营等形式创造实时真实的交际环境。

教师组织和提供线上网络平台的多媒体课件及各种课内外学习资源，可以利用以英语摄制的影视、TED演讲、人物访谈、新闻采访、时事报道等提供鲜活的语言素材；也可选取优质微视频或慕课资源融入传统英语课程，实现课内外学习资源一体化、全球优质教育资源共享化、英语口音和文化背景多样化，以弥补教材的不足。学生自主决定学习时空、内容和方式，开展独立的在线学习，实现学生主体和教师主导的有机结合。在混合式教学模式下，学生与同学或教师可以进行面对面的讨论、协商和对话，也可以通过网络交流平台或现代网络通信工具进行交流。学生还可以与身边或远程的学习者进行协作学习，通过与包括媒体、本族语和非本族语人群进行交流互动，提高他们的独立思考能力和包容合作精神。与非本族语学习者进行协作式学习更是一种真实的跨文化交流活动，能使学生语言交流的体验得到极大的丰富，充分地利用所学的英语进行多种渠道的沟通，从而提高英语学习的交际性和真实性。

四、多元化人本化的大学英语课程评估体系

教学评估对教学实践具有巨大的反拨作用。跨文化交际能力测试“能够提高教师和学生对跨文化能力的关注意识，是正确评估教学过程和教学效果的重要环节”。但跨文化情感、价值观和行为等文化理解的主观性，成为评估的难点。教师在实践中往往注重对学生语言技能和文化知识的测试，而忽视对文化价值观和文化行为模式的考察，也容易忽略对个体在学习中的感悟和自我反

思的评估。

跨文化大学英语教学的测试应注重多元化和人本化，以激励和促进学生的学习。除了以客观形式评价学生的语言能力，还应从思维、情感和行为等方面多维度考查学生的跨文化交际能力。在各门课程中，教师应重视引导和启发学生理解、比较和反思，培养学生的思辨能力、移情和文化调适能力以及人际交往行为能力，并强化对这些能力的考查和评价。如在对时事热点话题的讨论中，可培养学生对一个事件的多角度审视和理解能力，从而考查学生独立思考能力；在讲座或英语角中，可通过文化讨论与分享，培养和考查学生自我探索和批判性思维能力；在情景模拟中，鼓励学生参与交际，教师可借此考查学生在场景交际中的行为规范及处理冲突的能力；在网络虚拟交际中开展的协作学习，可培养和考查学生沟通和合作、求同存异、文化协同的人际交往能力以及向跨文化合作伙伴传输本国文化的能力。各层次能力的具体测试评估手段，可参考张红玲提出的包括文化知识、情感态度和交际技能等三个层面的系统测试方法。

随着全球化程度的不断提高，培养具有跨文化交际能力的复合型人才已经成为时代的呼声。跨文化交际能力的培养是一个长期、动态和开放的过程，需要教学理念和目标、教学方法和手段、评估体系的不断更新。跨文化能力培养必须有目的、循序渐进地设置课程进行干预，将目标、理念和举措贯穿整个人才培养模式的全过程。

第三章

跨文化大学英语教学设计与实践

第一节　跨文化大学英语教学设计

一、跨文化教学的设计实施

跨文化教学不同于其他科目的教学，它是一种知识学习、能力训练、情感发展和社会实践相结合的复杂的教学形式。

第一个层次是了解和认知。了解和认知指学生建立对自己的社会化程度、自己所处的群体、自己的优势和自我价值判断的认知；获取有关自己和他者生活状况的基本知识，认识到相似性和差异的存在；认识不同的传统中存在的共同准则，也认识到成见和偏见的存在。

第二个层次是理解和共情（也译作“同理心”）。理解和共情指学生在认知的基础上建立对陌生事物的兴趣；能够对各种经历和经验保持开放的心态，让自己进入角色或进行视角的转换，站在他人的立场上进行感知；能够质疑自己的视角和观点，在具体的情境（生活条件、历史经验、价值体系等）中看待自己和他人的行为，能够尊重和欣赏差异性。

第三个层次是基于理解的行动。基于理解的行动指学生能够找到与他人的共识作为与异文化和平共处的基础，能够基于共同认可的规则处理冲突；能够对于不同的世界观、生活方式、规范和价值体系予以尊重和欣赏；能够进行跨文化的合作；能够保持平等而非排斥的态度，积极致力于不同文化之间的沟通。

跨文化教学最核心的教学法原则是视角的转换和对话。通过视角的转换能够让学生认识到自己和他人的行为都与特定的条件和情境相关。视角的转换需要在不同的层次上进行练习，如社会角色的转换，年龄、性别的转换，宏观和微观视角的转换等，也可以通过游戏（如角色扮演）或思考的方式进行练习。视角的转换可以唤起学生的问题意识，帮助他们获得关于他人或少数群体的经验。

学生在日常生活中所体验的现实世界和生活中总结的个人经验是跨文化教学的出发点，教师应从中选择具有感性认知功能的、直接的体验作为素材来增加学生的学习兴趣。跨文化教学的内容应该是学生感兴趣的，如各个国家的风俗和传统，不同国家的青少年的生活状况等，这些话题不仅能够激发学生的兴趣，还能够让学生展开讨论，进而促进跨文化教学。

在教学媒介的选择上，教师应当充分利用新媒体技术，帮助学生拓宽视野，丰富跨文化的主题的材料。可以利用其他国家的照片、广告、漫画、笑话和涂鸦等作为教学材料，通过叙述性的、解析性的、趣味的方法进行文化角色的转换，让学生得到感性的体验，激发他们的兴趣。

在课程的组织上，跨文化教学也是一个跨学科教学的过程，特别适用于开放性的课程形式，如那些能够促进学生进行独立学习和自我管理的课程形式，让学生在提高自我意识的同时能够通过积极的反思转换视角，获得他人的经验。除了课程教学，跨文化教育也非常适合用项目工作和专题活动的形式进行，如校外活动、参观访问、学生交换，开展跨文化的主题周、主题日等。跨文化教学特别鼓励学生自己组织学习活动或专题活动，以促进他们的整体性思维，为处理跨文化交际的现实问题创造重要的条件。

主题的选择对于跨文化教学尤其重要。虽然不是所有科目的所有主题都适用于跨文化教学，但每一个学科都可以从内容上发展出跨文化的维度。比较常见的跨文化教学主题包括语言和文字，服饰和饮食，休闲，情感、两性关系，道德观念，家庭出身和家族溯源，儿童和教育，代际关系，日常工作和节日，住房和邻里关系，生死，哲学、宗教和神话等。在主题的选择和教学要点的设计上，应当考虑到学生的发展阶段、知识基础和认知能力的差异，并结合各门学科的知识特点。

二、跨文化交际大学英语教学模式设计

基于跨文化交际的大学英语教学模式的组织形式分为五层，即教学对

象、教学内容、教学环境、教学方式、教学组织者，其中教学内容包括语言课程（听、说、读、写、译）、应用课程、文化课程（知识文化、交际文化），教学环境包括计算机（互联网教学媒体）、课堂教学、第二课堂，教学方式可选择计算机（自学+辅导）、课堂教学（面授）、第二课堂（实践+体验+辅导）。

（一）教学原则与目的

教学模式是基于跨文化交际而进行设计的，因此需遵循目标多元化且满足学生需求、内容内涵化且重点突出、语言与文化相辅相成、课堂与课外相结合等原则。基于跨文化交际的大学英语教学目标可细化为：其一，培养学生英语综合应用能力，包括听力理解、口语表达、阅读理解、书面表达、翻译等能力；其二，培养学生跨文化交际认知能力，包括文化认知能力和交际认知能力；其三，培养学生跨文化情感能力，包括移情能力、自我心理调适能力；其四，培养学生跨文化行为能力，包括言语行为能力、非言语行为能力和跨文化关系能力。

（二）教学内容设计

基于跨文化交际的需求，教学内容设计包括语言基础教学内容和文化嵌入与文化教学内容两部分。在语言基础教学内容部分，语法结构项目3项（词语层面、句子层面、超语句层面）；功能意念项目10项（寒暄、态度、情感、时间、空间、计量、信息、关系、计算、特性）；语言技能项目5项（听、说、读、写、译），其中听力技能6项，即辨别音素、重音、语调类型、理解话语交际功能、语篇大意、领会说话人态度和观点与意图；口语技能7项，包括日常生活对话、复述、口头作文、讲演等；阅读技能10项；写作技能7项；翻译技能6项，包括直译、意译、直意兼译、成语典故翻译、合同条文翻译、校对。在文化嵌入与文化教学内容部分，文化行为项目12项，包括生活必需、人际关系、娱乐休闲、情感态度、观点意见、个人隐私、时空意义、家庭生活、婚姻习俗、知识教育、社会责任、宗教活动；文化心理项目5项，包括社会价值观念、人生价值观念、伦理观念、审美观念、自然观念；跨文化交际因素8项，包括全球化语境、文化对语言和交际的影响、跨文化交际障碍、文化价值与多样性、跨文化语言交际和非语言交际等。

（三）教学资源整合优化

结合当前大学英语教学资源现状，可以将大学英语基础课程设为必修课程，而文化与跨文化交际课程设为选修课程，且增加文化与跨文化交际课程教学的比重，对现有的基础教材、网络教学资源等进行整合。可以充分发挥网络教学资源的优势，以大学英语教学目标为指引，整合网络教学资源，圈定大学英语文化和跨文化交际教学资源的范围，精选选修教材作为主要教学资源。

（四）课程设置

依据教学目标、教学内容、教学设计，教学课程分为两个体系，即英语语言基础教学课程体系、跨文化交际与应用阶段课程体系。英语语言基础教学课程体系除教材与大纲框架之外，可以结合学校英语教学现状设计校园英语视、听、说网络自主学习课程，建立基于校园网的英语自主学习平台，采取自主学习的方式，教师进行小班指导。此外，可以基于校园网开展第二课堂与校园英语口语培训活动。跨文化交际与应用阶段课程体系则以辅修、选修为主，以培养学生跨文化交际能力、拓展国际视野为主，还可结合学生专业设置与专业知识相关的课程。

（五）教学方法与策略——教学与文化

以跨文化交际能力培养为指导，教学方法与策略设计包括普遍性教学策略和具体性教学策略两类。普遍性教学策略包括课程组织中的角色引导、学生参与策略、激励策略、提问策略、评估策略等。具体性教学策略主要包括语法、阅读、听力、会话、写作等具体教学策略，如图片案例、学习日志、角色扮演、虚拟情境、分组讨论、故事重组、图片序列等。

在文化教学中，可采取三种教学方法，包括显性文化教学法、隐性文化教学法、综合文化教学法。在实际运用中，综合文化教学法更适合当前大学英语教学现状和学生学情，具体操作方法如文化参观与讲座、文化欣赏与讨论、文化会话与合作、文化交流与表演、文化研究与体验、文化渗透与交流、文化包、文化丛、案例分析、文学作品分析等。

第二节　跨文化大学英语教学探索与实践

一、项目教学法

外语教学的要求越来越高，传统的教学方法已经不能满足跨文化外语教学的要求。以建构主义为理论指导的项目教学法被引入第二语言教学中，解决了这一难题。计算机和因特网的发展和普及，为外语学习者提供了良好的学习环境。

（一）项目教学法的定义与特点

1. 项目教学法定义

项目教学法由美国的大卫·实乃顿首次提出，由约翰·戴维和威廉·赫德·基尔帕特里克发展并完善。项目教学法的出现使传统的以教师为中心的课堂向以学生为中心的课堂转变。这种教学法要求学生在有目的的实际活动中，创造性地使用所学知识，提高解决问题的能力。

2. 项目教学法特点

（1）实践性：项目的主题与真实世界密切联系，使学生的学习更具有针对性和实用性。

（2）自主性：提供学生根据自己的兴趣选择内容和展示形式的决策机会，使学生能够自主、自由地学习，从而有效地促进学生创造能力的发展。

（3）发展性：长期项目与阶段项目相结合，构成实现教育目标的认知过程。

（4）综合性：具有学科交叉性，需要运用综合能力。

（5）开放性：学生围绕主题进行探索的方式和方法、展示评价具有多样性和选择性。

3. 项目教学法活动程序

项目教学活动的主要程序为：确定项目主题；信息资料收集及处理；研究与讨论；作品制作；展示与评价。

（1）确定项目主题。项目主题可以与外语学习者所学专业有关，也可以与某个社会生活的热点问题（如环保、性别歧视、教育等）有关，令学生对其进行探讨，在使用中学习。

（2）信息资料收集及处理。教师鼓励学生利用现代化通信工具，通过多种渠道获取相关信息。

（3）研究与讨论。确定项目作品内容和展示形式，项目作品内容的设计和表现形式，要结合教学大纲要求，难度要适合外语学习者的语言水平，并且要结合实际教学条件，使项目活动具有可操作性。

（4）作品制作。这个阶段主要由外语学习者以项目小组为单位自主完成项目内容。

（5）展示与评价。这个阶段主要是项目作品展示、小组互评、教师讲评、学生撰写项目报告。

（二）项目教学法应用于大学英语教学的可行性

1. 项目教学法与大学英语教学大纲的契合问题

外语教学对象是高等学校非英语专业的本科生。大学英语教学的目的是使学生具有较强的阅读能力和一定的听、说、写、译能力，使他们能用英语交流信息。大学英语教学应帮助学生打下扎实的语言基础，掌握良好的语言学习方法，提高文化素养，以适应社会发展和经济建设的需要。本科教学大纲既要求语言基础扎实、知识面广博，又要求能够用英语交流信息，有较好的语言能力。建构主义理论框架下的项目教学法迎合了这一要求。在完成项目的过程中，外语学习者不仅要掌握语言本身（词汇、语音、语法等），还要会使用语言。外语学习者在完成项目的过程中，充分发挥主观能动性，提高解决问题的能力，提高语言使用能力。可见项目教学法不仅可以提高外语学习者的语言能力，还可加强语用能力。

2. 项目教学法的实施环境

（1）网络环境。外语学习者必须接触大量真实自然的语言材料，才能提高语言能力。网络及网络技术的发展成熟和普及正好满足外语教学的这一需要，为外语学习者提供了良好的学习环境。在外语教学过程中，网络为学生创造了良好宽松的语言学习环境，使获取教学资源的范围得到极大扩展，学习者可以随时查找各方面的资料，同时还可以不受时间和地点的限制直接与母语为外语的人进行广泛交流。

（2）语言环境。语境即言语环境，包括语言因素和非语言因素。上下文、时间、空间、情景对象、话语前提等与词语使用有关的都是语言因素。本节中的语境特别指课上和课下外语学习者交流时的语言环境。在以项目主题为中心的学习过程中，在研究、讨论、项目作品制作和展示与评价阶段，根据外语学习者的水平，教师应尽可能多地为外语学习者提供适合的语境，使活动得以顺利地开展。

（3）文化环境。语言教学的过程是跨文化交际的过程。张占一先生于1984年在《汉语各界教学及其材料》一文中，把语言教学中的文化内容分为知识文化和交际文化。所谓知识文化，指的是两个不同文化背景的人进行交际时，不直接影响准确传递信息的语言和非语言的文化因素；反之则为交际文化。外语教学是跨文化交际的一种方式，是在文化冲突和文化融合之中进行的。外语教学采用对比分析的方法，在教学中加强文化的导入，使外语学习者在学习语言的同时，增强对本民族语言的认同，加深文化认同。在外语教学中，采用项目教学法，适当选择文化题材为项目主题，使学生在提高语言能力的同时，提高跨文化交际能力，消除文化误解，促进文化认同。

二、交际教学法

（一）展示功能与语言

交际教学法（communicative language teaching）以社会语言学理论、心理

语言学理论为基础，在不同语境中，相同的语法结构有不同的功能。

语言往往是用于交往和交际的，其交际能力反映其功能和用途，因此，语法和结构都应反映话语的功能和交际意义。例如，“I'm cold”可以是陈述、抱怨、请求等不同的语气。再如，向别人打听时间的说法有下列数种：Excuse me，could you tell me the right time, please ?/What time is it, please ?/What's the time ?/ Time? / How much longer have we got? / My watch seems to have stopped. 这些表达形式都是完全合乎语法规则的，但适用的场合有所不同，所以外语学习者除了要正确表达，更重要的是如何在不同的交际场合选择合适的表达方式。

在学习过程中，学习者无论在任何场合都会选择那些过于正式的表达方式。例如，英语学习者在咖啡店里可能会对侍者说：“Please bring more coffee. ”实际上较得体的表达方式应当是：“Could I have another cup of coffee，please?”

因此，掌握一种语言不仅指能够造出合乎语法规则的句子，还指能够恰当使用语言。卡纳尔和斯温认为，交际能力由四部分组成，如图3–1所示。

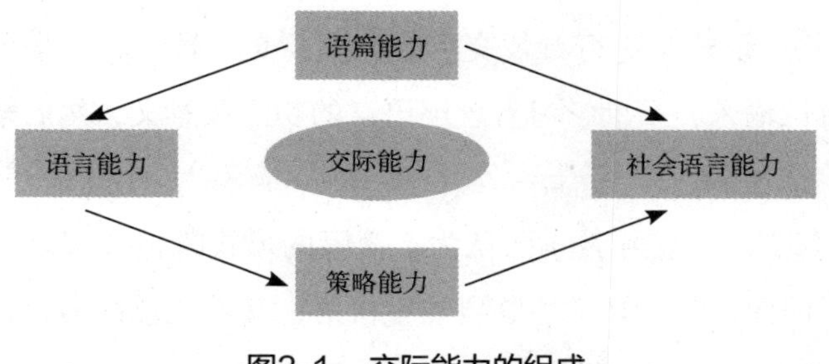

图3–1　交际能力的组成

1. 语言能力

为了意义的表达，学习者必须掌握词汇、句法等方面的知识。

2. 社会语言能力

了解关于目标语的社会文化知识能够帮助学习者在交际过程中话语表达的适切性，知道如何询问对方及如何运用非语言交际手段达到交际目的等。

3. 语篇能力

在语言交际过程中，无论是语言输入还是输出，都要求交际者具备感知和处理语篇的能力，以便对先前听到或读到的句子和句群进行意义解码，形成意义表征。

4. 策略能力

当学习者的语言能力、社会语言能力和篇章能力有所不足时，策略能力可以加以弥补。

由此可见，交际者应根据交际语境的要求，选择恰当的词汇、句法语体，利用语音、语调的表意功能，辅之以有效的非语言交际手段（如面部表情、身体动作等），实现成功交际。

（二）实践分析

1. 案例

教师D从教多年，虽然认真努力，却对教学实践中的交际教学法感到困惑，他不明白：交际教学法是只教授语法，或只教授口语，还是在教学过程中让学生进行角色扮演?

通过学习，教师D对交际教学法有了进一步的认识。

（1）语法。语法是进行有效交际的前提，交际教学法主张为学习者提供丰富的可理解性输入，帮助学习者理解语言的功能和意义，然后教师再引导学习者学习。

（2）语言交际。交际教学法认为，交际的形式既包括言语交际，又包括书面语交际。因此，交际教学法既要注重口语，又不能忽视书面语。

（3）角色扮演。在交际教学法中，角色扮演既为学习者提供了模拟现实使用英语的场所，又为学习者提供了互相学习的机会。但是，交际教学法也包括其他类型的交际活动，如以合作的方式完成语法练习、解决问题、分析语篇中的某个新结构、将小组成员对某个问题的意见加以折中等。

（4）教师。交际教学法对教师的要求有所提高，但没有必要夸大。事实上，许多教科书都配备了实用的交际教学法指南和课堂活动，问题在于教师是否愿意大胆尝试。而且网络和多媒体技术的发展也为交际教学法的实施提供了更多的条件。

因此，针对以上几点，教师D在教学过程中，应该借助阅读专业书籍、与同事切磋、课堂教学观摩、撰写教学日志、经常参加与本专业相关的学术讨论会等多种方式，逐步消除对交际教学法的误解，然后才有可能抓住交际教学法的精髓，并将其灵活运用到教学实践中去。

2. 交际教学设计

具体来说，在日常的教学中，教师D可以在课堂环境下设计交际活动，以培养学习者的交际能力。课堂上的交际活动设计为以下两类：一类是功能交际活动，另一类是社会交往活动。通过这样的方式能够引导学习者参与有意义的交际活动并使用目标语实现交际目的。

此外，对于教师D来说，在教学实践中设计交际活动应注意以下几点。

（1）培养学习者功能交际能力。课堂环境下应注重具有语言功能特点的交际活动，鼓励学习者尽可能依靠已经建立的目标语知识体系实现有效的交际，如解决问题或交换信息。具有功能交际特征的活动包括以下几类。

①猜词活动。教师D可以要求一位学习者在黑板上写单词，另一位学习者背对黑板面向全班。全班同学各自用英语解释黑板上的单词，并请那位同学猜，从而增加学习者的单词使用机会。

②描述活动。教师D可以要求学习者描述自己所处的城市、所在的学校、遇到的好朋友、经历的趣事等，从而锻炼学习者的口语会话能力。

③简短对话。教师D可以在教学过程中，和同学一起聊聊天气、交通状况、度假、赛事等话题。这些简短对话看似“无意义”，但它们在营造社交氛围方面起着不可忽视的作用。例如：

交际者A：I hate rush hour traffic.

交际者B: Me too.

交际者C: Boy，the weather is lousy today.

交际者D: Yeah. I hope it’ll stop raining.

（2）培养学习者社会交往能力。在教学过程中，教师为学习者设计的交际活动应当既具有功能特征，又具有社会特征。为了创建多样化的社会语境，反映多样化的社会关系，模仿（simulaion）和角色扮演（roleplay）是课堂环节设置中很重要的技巧。课堂的活动设计包括以下几种。

①借助提示性对话完成的角色扮演。教师D可以给学习者分发卡片，模仿交际过程中的不确定性和自发性，学习者需认真倾听，以确定答案，通过这种方式减少交际过程中出现问题的可能性（见表3-1）。

表3-1　交际案例中A与B的对话

You meet B in the street	You meet A in the street
A:Greet B	A:
B:	B:Greet A
A:Ask B where he is going	A:
B:	B:Say you are going for a walk
A:Suggest somewhere to go together	A:
B:	B:Reject A's suggestion and make a different suggestion
A:Accept B's suggestion	A:
B:	B:Express pleasure

②借助提示信息完成角色扮演。作为交际者，学习者提供的信息往往只能满足单个的需求，因此就可创建更灵活的交流框架。例如，下文中两位学习者分别扮演客人和旅馆老板的对话，如图3-2所示。

Learner A: You arrive at a small hotel one evening. In the foyer, you meet the manager/manageress. and 1.ask if there is a vacant room, 2.ask about the price, including breakfast, 3.say how many nights you would like to stay, 4.say where you can park your car for the nights, 5.say what time you would like to have breakfast.

Learner B： You are the manager/manageress of a small hotel that prides itself on its friendly, homely atmosphere. You have a single and a double room vacant for tonight. You have a single and a double room vacant for tonight. The prices are $ 850 for the single room, $ 1600 for the double room. Breakfast is $ 1.50 extra per person. In the street behind the hotel, there is a free car park. Guests can have tea in bed in the morning for 50 cent.

图3-2　角色扮演

③借助交际情境完成角色扮演。教师D可以使用信息提示，这类教学方式

有利于开展交际活动，如图3–3所示。

LearnerA: You wish to buy a car. You are in a show room. Looking at a second–hand car that might be suitable, you decide to find out more about it,for example, how old it is? who the previous owner was? how expensive it is and whether there is a guarantee. You can pay up to about $ 900 in cash.

LearnerB: You are car salesman. You see a customer looking at a car in the show room. The car is two years old and belonged previously to the leader of a local pop group.

Your firm offers a three–month guarantee and can arrange hire purchase. The price you are asking for the car is $ 1400.

图3–3　交际情景角色扮演

在这种训练中，学习者必须为交际活动中的信息确定一个共同的认知标准。例如，在汽车展示厅内的交际活动中，假设一位学习者认定要看的汽车型小而且时尚，另一位学习者却认为同一辆汽车型大而陈旧，交际就无法进行下去。可见，非常有必要在交际双方所共有的知识和交际活动中所产生的不确定因素之间达成一种平衡，以保证交际活动的顺利进行。

④以辩论形式展开角色扮演。在这类活动的交际语境中，教师D可以引导学习者，让其所扮演的角色对事件及其他交际者所持的不同意见有较全面的了解。在活动结束时，这些交际者能够对辩论或讨论的问题达成共识。例如，假设在社区内有很多人想帮助那些生活无助的老年人，因此用捐款和义卖的形式自发筹集了资金，如图3–4所示。

Learaer A: Role: Miss Julia Jenkins, single.

You feel that you should contact one of the charity organizations advertised in a magazine, at least for advice.

LearnerB: Role: Renald Rix. the local vicar.

You wish to raise some money for an old people’s club by holding jumble sales.

LearnerC: Role: Mr. David Hicks,headmaster of the local primary school.

You are anxious for the students at your school to play a role in helping the aged.

LearnerD: Role: Mrs. Dorothy Foster, widow.

You think the money should be spent on the renovation of an old country house, which could be used as an old people’s recreation center.

图3–4　辩论形式角色扮演

上述例子展示了社会交往中意见不一致的情况，教师D要引导学习者立足于讨论有关的信息，然后参与非正式的小组讨论，最后在公开场合展示各自的观点。

（3）延伸社会交往活动能力。

①社会戏剧。社会戏剧侧重于培养学习者的社会交往能力，教师D可以设计其教学过程如下：介绍内容；展示词汇或短语；展示解决的问题；讨论语境及角色；指定观众，分配学习任务；分角色表演；新语境下的角色扮演；表演新的解决办法；活动总结；书面练习、讨论练习等。

②策略式交往。策略式交往活动的具体教学过程可以设计如下。

听力活动。教师D将一个完整的故事分成几部分录成磁带，然后将学习者分为相应的小组来听磁带。每个小组听完后，完成教师发给他们的基于故事情节的一组理解题。然后进行信息沟通活动，就故事情节进行协商提问，同时解答其他学习者的问题，以此促进学习者的语言输出。

视觉活动。教师D可以在这类活动中，借助电影、录像、幻灯片等各种媒体，激发学习者的学习动机，帮助学习者接触大量的真实语料信息，提升学习过程的趣味性。例如，学习者在观看某一电影片段后，可对片中的内容展开讨论或发表感想等。借助于这样的活动，学习者自然而然地掌握了现实社会交往活动中的语言与非语言特征。

课外活动。课外学习活动是对学习者课内所能接触到的语言内容的补充和巩固，主要形式有参加英语角活动、看英语原版电影、收看英语电视节目、阅读英语原版小说、用英语写电子邮件等。教师D可以对学习者的课外活动进行指导，如向学习者推荐课后阅读的文学作品等。但是，教师D还应该注意，不应干涉过多，以避免降低学习者的学习积极性。

三、跨文化英语听说教学实践

总的来说，跨文化交际能力的培养有两种不同的路径：显性路径和隐性路径。显性路径是独立或相对独立于语言学习的、较为直接、较为系统的文化学习，如教师在教学中融入对文化知识的介绍和讲解；隐性路径是融于语言学习之中的较为间接、相对分散的文化学习，强调学生的主动参与和建构。为了进一步培养学生的跨文化交际能力，笔者在视听说教学的实践中融入了跨文化教学的设计，显性教学和隐性教学并举，引导学生进行文化学习、文化对比和文化探索。

（一）显性教学

现代外语教学理论认为，语言学习的过程是输入—吸收—输出的过程。教材、阅读以及教师的讲授都是语言输入的重要来源。学生英语的跨文化教学定位于语言教学的范畴内，与语言教学相融合的跨文化教学的目标是培养学习者进行有效的跨文化交际所需的语言能力。因此，在听说教学的基础上，教师要精心嵌入社会文化因素，讲授汉英语言之间的差异以及文化不同所带来的思维和表达方式的不同、话题选择的差异、词语内涵和礼仪规则的不同等，向学生进行跨文化知识的输入。例如，由于母语负迁移的缘故，学生总是用说汉语的方式去表达英文，把关键信息放在句首，细节随后。而事实上英语本族人在相同意思的表达上的顺序是与此相反的，即先细节，后关键信息。

（二）隐性教学

隐性学习是指在经历了课堂上教师对文化理论、现象以及知识点的讲解后，学习者对学习材料所表达的主题以及现实文化意义的理解和把握，这种把握反映了学习者对文化差异更深的理解和感悟。因为在面对复杂而变化的跨文化交际情景时，学习者不仅要理解、知晓一些固有的文化知识，还要去面对和应对一些现实的情景。

根据建构主义理论，学习环境由四大要素组成，分别是情境、协作、对话与意义建构。情境创设是其中的一个重要方面，教师创设的情境应该有利于学生对所学内容进行意义建构。在教学实践中，教师在分析了教学目标之后，要设计真实的或者接近真实的语言环境，以便进行语言交流活动，这样学生才能进行意义建构。“协作”发生在整个学习过程。因为建构是通过学习者之间以及学习者与他人之间的交往来实现的，它对学习资料的收集和分析、问题的提出和回答、成果的总结和评价都有重要作用。协作学习的主要形式是小组合作，在课程设计时，教师要注意提出探索性的问题引发学生思考，为他们搭建一个互助的平台，培养他们分析问题、解决问题的能力。协作学习的过程也是“会话”的过程，在教学中可以反映在师生互动和生生互动上，通过课程设计组织交流活动从而帮助学生实现知识的内化。“意义建构”是整个学习过程的最终目标，是指对事物的性质、规律以及内在联系的把握。学习者的主动建构不仅涉及结构性的客观知识，还涉及大量非结构性的知识，即主观理解和感悟。因此，要强调学习者的认知主体以及知识主动建构者的作用，强调对学生自主学习能力的培养。例如，教师在课堂上创设一些活泼有趣的文化情境，然后组织学生进行讨论、角色扮演、模仿表演等课堂活动，让学生亲身体验目的语情境，体验可能遭遇的文化尴尬，培养学生应对文化冲击的能力，使他们在复杂多变的跨文化境遇中习得具体的交际技能。

在培养交际技能的同时，还应培养学生的跨文化意识以及对两种文化的敏感性领悟能力和思考能力。英国学者曾指出，文化意识的教育应涉及两种观点，使学生同时成为研究者和被研究者，让他们通过比较和分析获得一种视野。在听说教学中，为了进一步培养学生积极探索、主动建构的能力，教师应针对每个单元的主题提出一些富有挑战性的文化比较研究课题，让学生以小组为单位，选择自己感兴趣的课题进行研究，研究成果最后以口头报告的形式进行展示。例如，在讲授《新英语视听说教程》第四单元“Schools and Universities”时，一组学生选择的课题是“中美大学申请流程的比较研究”，具体流程和特点见表3–2。

表3–2　教学和研究流程

教学和研究流程	特点描述
第一步：学生选择跨文化比较研究课题	以问题为本，一个开放的、富有挑战性的问题的提出是培养学生思考能力的第一步。学生根据自己的兴趣爱好选择研究的问题，可以充分激发他们的求知欲和探究精神（研究课题：中美大学申请流程的比较研究）

续表

教学和研究流程	特点描述
第二步：学生研究课题	小组成员分工合作，从各个渠道去查找资料、收集信息、分析信息，得出结论，同时要商讨如何才能把成果以最生动的方式呈现出来。（登录美国普林斯顿大学的招生网站，查找该校招生的政策，包括招生人数、录取率、专业介绍、对国际学生的语言要求、对往年申请该校学生SAT和GPA成绩的统计、对推荐信的要求、是否需要面试、申请方式和途径、申请费用、各类申请的截止时间等；去图书馆借阅《美国大学申请指南》，了解美国大学申请的一些技巧和注意事项；登录国家高招网，了解高考招生报名的流程；研究结论：相比中国的高考，美国大学申请是一套更复杂和严谨的体系，是对所学课程及成绩单、标准化考试成绩和英语成绩、个人陈述、申请论文、课外活动、推荐信、个人成就、个人素质、家庭背景以及面试等的综合考查；缺点是费时费力，对大学的招生官素质要求很高，学生很难预见录取结果）
第三步：学生进行语言准备	在PPT完成后，学生需要为口头报告做语言准备。他们一方面需要准备在15分钟的时间里用英语阐述他们的研究成果，另一方面还要为其他同学提供相关的语言和词汇背景说明（有关美国大学申请过程中需要知道的一些专业词汇，如ED / EA / RD / ROLLINCJ. The Common Application等）
第四步：学生口头报告+提问+评分	学生在PPT的辅助下口头报告研究成果，之后接受台下同学和教师的提问。教师和同学将从报告内容、PPT制作、语言的流利和清晰程度、答辩满意度四个方面为他们打分
第五步：教师点评	教师从研究的深度以及语言的运用等方面对本次研究报告做出点评
第六步：深化教学	在学生课题研究的基础上，教师设计与之衔接的教学环节（在学生听完报告意犹未尽的时候，教师抓住机会播放一段美国普渡大学招生宣传的视频，引导学生就美国大学最看重的个人素质进行讨论，个人素质包括创新思维、驱动力、领导力、诚实正直、主动性、独立性等）

通过这样的研究活动，学生改变了自身被动的接受者的角色，成为积极的探索者和主动建构者，不但获得了大量原汁原味的语言输入，而且对中美教育体制的差异有了更深的理解，跨文化交际的意识不断提升。

我国的学生，尤其是留学生，作为跨文化交流的重要人员，在了解英语目的语国家的文化、制度、习俗和生活方式的同时，还肩负着传播中国优秀文化的重任。因此，应该培养学生双向跨文化交流的意识，改变跨文化交流中“单向”输入的状态。学生要将优秀的民族文化融入跨文化交流中，积极传播和弘扬我国的文化，增强我国文化的对外输出能力。例如，在学习第七单元“Holidays and Vacations”时，教师补充了两段英文视频，一段是关于中国年轻一代是如何在浪漫、热烈的气氛中欢度西方情人节的，另一段是央视记者对中国大学生的即兴采访，受访学生大都对中国的情人节“七夕”一无所知。学生们随后讨论的话题是：“就中国许多年轻人对西方节日趋之若骛的现象，你的看法是什么？这种现象是否表明年轻一代对中国传统文化的抛弃？”学生们讨论热烈。教师让他们课后以小组为单位做一个东西方节日的比较研究，每个小组用12分钟的时间以PPT的方式向其他同学介绍一个中国节日以及与之对应的西方节日，这要求学生们比较两种节日的起源、庆祝方式、节日饮食等差异。学生们在活动中展示出令人赞叹的跨文化研究能力，有比较中秋节和感恩节的，有介绍中元节和万圣节的。有的小组甚至把重点放到节日背后的文化探索上，认为中国的节日具有明显的农耕文明特征，而西方的节日带有浓厚的宗教色彩；中国传统节日的饮食趋向于感性，讲究“和睦”“团圆”，而西方节日饮食重视营养搭配，偏重理性。学生们在习得西方文化的同时，对中国传统文化有了更多的了解和更深的认识，这也是他们作为跨文化的学习者和参与者迈出的重要一步。

第四章

跨文化大学英语教学

第一节 跨文化大学英语词汇和语法教学

一、跨文化视角下的大学英语词汇教学

（一）文化对大学英语词汇教学的影响

词汇的学习贯穿于英语这门语言学习的始终，并且词汇教学也是英语语言技能教学非常重要的环节之一。在实际的跨文化交际过程中，词汇也是不可或缺的重要因素之一。从跨文化的视角对大学英语词汇教学改革进行探讨意义重大。

近年来，在大学英语词汇教学实践中，词汇教学中文化因素的构成问题一直以来都是诸多大学英语教育工作者密切关注的话题。依照当前学术界广泛认可的分类，在大学英语词汇教学中，文化对其的影响主要有以下几个方面的具体体现。

（1）词汇中会经常涉及一些英语国家的历史、地理、人名、地名、社会状况、经济状况以及文化等。以“burke”一词为例进行分析，其原本仅是一个挖土工的人名，他后来同一名共犯一起干了谋财害命的不法勾当。两人同谋杀害了15人之后才被警察发现，并最终处以绞刑。之后，这一名字进入英语，用来表示窒息、消失在无形中。

（2）词汇本身的文化内涵，主要包括以下几个方面：词汇所指代的范畴，词汇的情感色彩，词汇的联想意义，一些文化背景比较丰富的成语、谚语等，惯用语的具体运用等。就“whitelie”这一词组来看，其指的是没有恶意的谎言而非白色的谎言。“blueroom”这一词组也不是指其表面上的“蓝房

子”之意，其文化内涵指的是美国总统会见至亲好友的接待室。

（3）词汇中经常会包括一些中西方思维习惯和价值观念方面的差异。例如，人生观、世界观、人际关系、道德准则以及语言表达方式等方面的内容。例如，汉语文化下的“自由恋爱”指的是不受父母包办干涉的自由式恋爱。英语文化下的“freelove”则指的是“滥爱、泛爱”之意，具体指的是没有经过合法结婚而同居。

（二）大学英语词汇教学的特点

在大学英语词汇教学中，词汇教学呈现出其自身固有的特点。其主要有以下几个方面的表现。

1. 词汇教学的基础性

词汇教学作为语言教学的基础环节，学生只有掌握了一定量的词汇，才能更好地为语言学习中的各项技能奠定坚实的基础，并更好地服务于听、说、读、写等各个方面语言能力的提升。这些都很好地体现了词汇教学的基础性特点。

2. 词汇教学的丰富性

从大学阶段来看，英语词汇教学内容十分丰富，涉及单词的词性、释义、习惯用法和搭配、文化内涵以及语用等。相应地，在进行词汇教学的过程中，也不能仅停留在词汇表层，应着眼于词汇的丰富性这一特点，向大学生传授多元、丰富的词汇运用知识和技能，并使词汇的基础性作用得以真正、有效地发挥。

3. 词汇教学的艰巨性

就大学阶段非英语专业的学生来看，其英语课仅只有每周4节，每节50分钟，在课时非常有限的情况下，英语课的内容却要面面俱到，通常要涉及口语教学、阅读教学、写作教学以及听力教学等。相应地，分配到词汇教学上的时间也就会比较少，大学英语教师要想在课时有限的情况下让学生对大量词汇有比较充分的理解，就非常艰巨。

4. 词汇教学的文化性

具有丰富的文化内涵是词汇的一大特点，对一门语言的词汇进行教授其实也就是教授该门语言的文化。这就在无形中决定了大学英语词汇教学具有文化性这一特点。因而，教师在具体的词汇教学实践中，不仅应强化词汇教学中的文化渗透，还应对教材中英语词汇的文化内涵进行充分、有效的挖掘。增强词汇教学中的跨文化意识，有意识地向学生传授英语国家的地理、政治、历史、风土人情等文化知识，学习英语国家的诗歌、游戏、谜语等，让学生对中西文化的思维习惯、价值观念有更深刻的理解和体会，从而能够得体、准确地运用英语词汇进行跨文化交际

（三）大学英语词汇教学的现状

具体而言，我国当前大学英语词汇教学的现状主要表现在以下几点。

（1）有一部分教师对词汇教学的认识过于狭隘和片面，甚至还有一部分教师认为词汇根本就不应该成为大学英语课堂所教授的重要内容，学习者本身完全可借助词典之类的工具书来习得词汇，因而这种主观上的忽略就无形中导致了词汇教学的简单化、表面化。

（2）在大学英语词汇教学中，英汉思维对比缺失的现象非常严重。从目前来看，大学英语教师在进行实际的词汇讲解时，仅是进行简单的对词汇本身音形义的解释，大部分学生在进行英语学习时仅是采取死记硬背的学习方法。在对英语进行理解和使用时也通常是运用中文的思维进行思考，甚至还有学生会机械地将中文译成英文，很难准确地运用词汇进行有意义的交流。

（3）在具体的词汇教学中存在着比较大的设计缺陷。例如，在当前的一些现存教材中，有些词汇教学的内容根本没有将文化和语言密切结合，而仅是以注释、背景知识等形式简单地反映文化内容，在一些具体的练习部分也没有很好地将文化知识和语言训练相结合。

（四）大学英语词汇教学的目标

《大学英语课程教学要求》对词汇教学的规定分为一般要求、较高要求

和更高要求三个级别，分别为掌握4795个单词和700个词组、6395个单词和1200个词组、7675个单词和1870个词组。

根据劳弗（Laufer）的观点，外语学习者如果掌握5000个词汇，其阅读一般报刊图书的正确率是59%；词汇量如果达到6400个，则阅读正确率可达63%；词汇量如果达到9000个，阅读正确率就可达到70%以上。几乎可以说，英语词汇量的多少，标志着英语水平的高低以及英语应用能力的强弱。在实际的英语词汇教学中，应该根据不同的教学阶段和教学对象，确立不同的词汇教学目标。然而，在众多的词汇中，总是有些使用频率高、实用性较强的词汇，于是就形成了一个最小词汇表。

辛克莱（Sinclair）与勒努夫（Renouf）根据伯明翰语库的英语单词使用频率统计，提出了使用频率最高的200个英语词汇表，这可能算是英语词汇教学中最小的词汇表之一，见表4–1。

表4–1　使用频率最高的200个单词表

1. me	15. on	29. by	43. if	57. me
2. of	16. with	30. we	44. would	58. like
3. and	17. as	31. she	45. about	59. very
4. to	18. be	32. from	46. no	60. can
5. a	19. had	33. one	47. said	61. has
6. in	20. but	34. all	48. up	62. him
7. that	21. they	35. there	49. when	63. some
8. 1	22. at	36. her	50. been	64. into
9. it	23. his	37. were	51. out	65. then
10. was	24. have	38. which	52. them	66. now
11. is	25. not	39. an	53. do	67. think
12. he	26. this	40. so	54. my	68. well
13. for	27. are	41. what	55. more	69. know
14. you	28. or	42. their	56. who	70. time

续表

71. could	97. got	123. made	149. again	175. once
72. people	98. our	124. never	150. life	176. find
73. its	99. new	125. things	151. another	177. house
74. other	100. go	126. such	152. came	178. rather
75. only	101. most	127. make	153. course	179. few
76. it’s	102. where	128. still	154. between	180. both
77. will	103. after	129. something	155. might	181. kind
78. than	104. your	130. being	156. thought	182. while
79. yes	105. say	131. also	157. want	183. year
80. just	106. man	132. that’s	158. says	184. every
81. because	107. use	133. should	159. went	185. under
82. two	108. little	134. really	160. put	186. place
83. over	109. too	135. here	161. last	187. home
84. don't	110. many	136. long	162. great	188. does
85. get	111. good	137. I'm	163. always	189. sort
86. see	112. going	138. old	164. away	190. perhaps
87. any	113. through	139. world	165. look	191. against
88. much	114. years	140. thing	166. mean	192. far
89. these	115. before	141. must	167. meat	193. left
90. way	116. own	142. day	168. each	194. around
91. how	117. us	143. children	169. three	195. nothing
92. down	118. may	144. oh	170. why	196. without
93. even	119. those	145. off	171. didn't	197. end
94. first	120. fight	146. quite	172. though	198. part
95. did	121. come	147. same	173. fact	199. looked
96. hack	122. work	148. take	174. Mr.	200. used

辛克莱和勒努夫的这张最小词汇表为英语词汇教学提供了一个教学核心，起到了积极的辅助作用。

英语词汇虽然很多，但是我们可以对这些词汇进行进一步细化，将它们分为口语词汇、听力词汇、写作词汇、阅读词汇四个方面。对于英语学习者来说，他们掌握的阅读词汇量最大，口语词汇量最小。事实上，词汇的四个部分是可以相互转化生成的，在具体的应用中，运用得越多的那项技能，其相应的词汇量就越大。一般情况下，一个学生的阅读词汇量要大于听力词汇量，听力词汇量大于写作词汇量，写作词汇量大于口语词汇量，如图4–1所示。

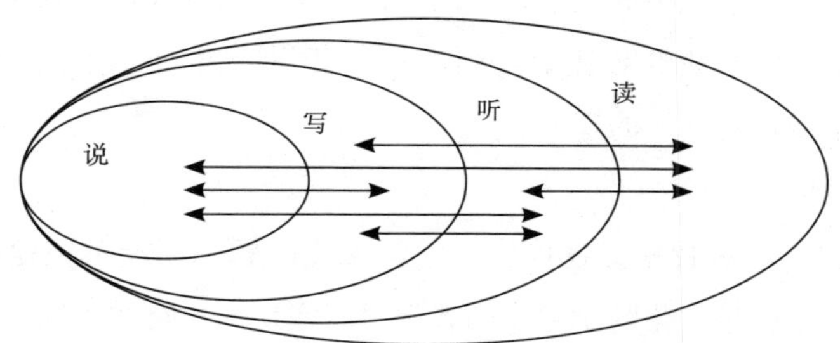

图4–1　听、说、读、写词汇量的相互关系

无论是哪一个英语教学项目，它的词汇教学目标都应该服务于英语教学目标。一般情况下，英语教学的终极目标是提高学生对英语的实际运用能力。因此，衡量词汇教学的最高标准应该是，学生所学到的英语词汇是否能从数量和质量上保证其能够进行有效的英语实际运用活动。由此可见，词汇教学的质量目标和数量目标同样重要。就一般哲学意义来说，数量总是以一定的质量为基础的，没有质量的数量是没有意义的，反之则相反。值得注意的是中国英语教学长期以来重视词汇教学的数量目标，忽视质量目标，强调扩大词汇量，忽略提高词汇掌握的熟练程度。

（五）跨文化视角下大学英语词汇教学的原则

1. 直观性原则

在进行词汇教学时，坚持直观性原则就是要求借助一些直观性的辅助手段，如图画、实物、幻灯片和多媒体课件等，来形象、直观地展示词汇的意义，使学生能够将实物同词汇联系起来，从而加深印象，使词汇学习和记忆的效果得到提升。这对激发学生的学习兴趣也非常有帮助。

2. 语境性原则

词汇的教学应密切关注语境，坚持语境性原则，不能脱离语境孤立地教词汇。因为词汇本身通常也是在特定的语境中才有意义，如果离开语境教学就很难确定词汇的具体含义。英国著名的语言学家弗斯（J. R. Firth）曾经如此说道："由词之结伴可知其词义。"词汇教学不仅指的是单词教学，更重要的是讲授单词在具体语境中的用法，因而通常需要教师结合句子或课文来讲授单词，以帮助学生更好地借助语境来理解词义，同时还能让学生在听、说、读、写各项活动中深化对词汇的理解。

3. 文化性原则

在词汇教学的过程中，还应密切关注文化问题，不能单纯地就词汇教词汇，语言的学习就是文化的学习，两者间关系密切。在跨文化视角下的大学英语词汇教学中，坚持文化性原则也要求教师尽可能地对词汇的文化因素和特征进行说明和解释，并加强中英文词汇的跨文化对比和比较，借此来帮助学生较好地理解词汇的含义，同时也能更好地提升学生的跨文化意识。

（六）跨文化视角下大学英语词汇教学的方法

1. 广泛阅读法

英语词汇的学习绝对不能单纯地局限在英语课堂内，通常可采取广泛阅读的方法来让学生更好地学习英语词汇。具体而言，采取广泛阅读的方法进行词汇教学时，大学英语教师通常可扮演导入者的角色，合理地导入西方文化，向学生推荐并介绍与西方历史文化等相关的书目、电视节目以及报刊等，引导并鼓励学生进行广泛的英语阅读。这样一来，不仅能使学生的课外阅读量增加，同时也能使学生的知识面得到扩大，并能够增加对英语文化的认知和了解。例如，在具体阐述American Dream这一文化现象时，教师可在课前先引导学生阅读相关的文章，对该文化现象的历史渊源、发展演变等有充分的了解。

借助阅读这种方式让学生真正理解American Dream的内涵，即“美国梦”之意，以及其所代表的“机会均等、人人自由”的深层含义。

2. 集中分散法

集中分散法也是跨文化视角下进行词汇教学最普遍的一种方法。这种方法具体指的是在进行词汇教学中实行集中速成记忆和分散巩固使用。之所以进行集中速成记忆，是因为增强词汇的系统性，以更充分地发挥智力因素的作用。但是，集中速成记忆通常学习强度比较大，能够较迅速地提升非智力因素修养。在进行集中教学后，就要采取分散巩固的措施，具体指的是将集中成组的词分散在词组、句子以及文章中去，进行听、说、读、写等各项技能的训练，真正地将知识转化成技能，这样也更加有利于将词汇记忆由短暂性的过渡到长久性的。当然，从形式层面也可以说，分散是指将词汇教学由之前的集中在词汇课而分散到其他课和环节中。例如，在讲授《新编大学英语》这一教材的其中一个单元的内容时，学生先重点学习了其中一个单元的In-classReading和After-classReading所要求掌握的词汇以及结构后，可引导学生让其围绕其中的一些主题或中心内容展开充分的联想，并尽可能运用学的词汇写出同该主题相关、内容连贯并能较充分地展示个人思想观点的段落、短文等，或者也可以要求学生对课文中心大意进行归纳，并写出读书心得。

这种集中识词的方法充分借助构词知识、语义网络等系统，从而较好地规避了孤立地学习词汇所造成的缺陷，科学、合理地对语言使用的教学过程进行安排，这样有利于充分、有效地调动学生的积极性，并且能够使已经识记的词汇得到更好的复习、运用，进而使这些词汇能够真正地牢固保存在记忆系统中。

3. 文化融入法

以跨文化交际为视角展开词汇教学时，不应单纯地停留在词汇层面，仅就词汇本身对词汇进行讨论，而应将视角放宽，从更宏观的角度对词汇教学进行思考，能够认清词汇教学的本身其实就是目的语的教学。教授词汇其实也就是教授文化、交际、思考、学习及语言等。如果以这样的思维进行教学，就会使词汇教学更具灵活性，并在词汇教学时更加关注词汇的文化背景。更进一步说，词义的问题通常就是文化的问题和思维方式的问题。在具体教授词汇时，还应从文化层面给予学生有效的引导，应引导学生从意义到文化、从文化到思维。只有这样，才能更加便于学生对词义的演变规律进行掌握，也能更好地激发学生对词汇学习的兴趣。因此，在词汇教学中，教师与其费力地对具体词的多义性进行讲解，还不如教授学生着眼于文化、思维这两个角度对词义转化的可能性进行推测。除此之外，教师还应重视词汇语用信息的呈现，对词汇意义中的文体意义、内涵意义和情感意义这几大方面的语用信息给予充分的重视，将这几大信息视为语言交际运用的关键因素，密切关注词汇在使用过程中的得体性，如果用错，极有可能导致交际的失败。

4. 联想教学法

联想教学法也是大学英语词汇教学使用最频繁的一种方法。具体而言，就是在词汇教学的过程中通过建立有效的联想来帮助学生学习词汇。例如，可借助学生比较熟悉的事物或例子来有效地引导学生进行词汇联想学习，或者可以联想同英语国家的习俗和文化习惯相关的内容来帮助学生学习词汇。就natural disaster这一词组来看，识记该词组的真正意义之后，还可以以该词组为基础进行如下联想。依次联想下面一系列的与自然灾害相关的词汇，如tsunami，earthquake，typhoon，mud flow， drought，flood。

5. 语言材料创新同文化内容融合法

以跨文化交际为视角展开大学英语词汇教学时，通常还可借助语言材料的创新同文化内容融合的方法。在具体的大学英语词汇教学实践中，要想较好地让学生掌握相关的词汇文化知识，通常需要依托于语言材料。只有同语言材料相结合才能更好地掌握词汇的内涵和意义等。从语言材料本身来看，大多是有关历史事实、目标语文化习俗、词语典故等方面的介绍。在长期的教学实践中，有一部分语言材料被反复利用，致使学生在具体学习的过程中感觉枯燥乏味。为了更有效地激发学生的思维和学习兴趣，教师需要对语言材料进行适时地开发和创新，借此来提高学生对文化差异的敏感性并着重培养学生的跨文化意识。例如，教师可在实际的词汇教学实践中借助故事所创作的情景来辅助英语词汇教学，当然，也可以通过看电影、录像、举办专题讲座等方式辅助词汇教学。如此一来，就能让学生在听故事的同时理解、学习甚至应用单词，同时还能使文化知识在生动、有趣的故事中得到强化。

总之，以跨文化交际为视角展开词汇教学，通常应对词汇背后的文化给予密切的关注。这些丰富的文化通常涉及多个方面，要想能够引导学生熟练地输出，应先对英语的文化有比较深入的了解。了解英语国家的思维习惯和语言习惯。学习者在英语学习时应重点培养自己的跨语言文化思维。这也与词汇教学的目标即在教授词汇的同时向学习者渗透文化对英语学习的影响高度一致。

我国大学英语语法教学也有其本身固有的特殊性，先有之前的过分受到重视，再到随后的被忽视进而转到目前教学实践中的有限回归，历经了漫长而曲折的发展过程。在此期间，由于人们对大学英语语法教学的地位、作用等并没有科学、充分的认识，进而导致目前的大学英语语法教学存在着诸多方面的问题，如对大学英语语法定位的欠科学、语法教学方法亟须改进以及教育教学所产生的诸多负面影响等。基于此，从更科学的视角对大学英语语法教学改革进行探讨意义重大，以下主要探讨跨文化大学英语语法教学相关的内容。

二、跨文化大学英语语法教学

（一）文化对大学英语语法教学的影响

1. 社交文化差异对大学英语语法教学的影响

不同民族往往在社交文化上存在着诸多差异，这些差异在大学英语语法教学中有所体现。例如，最为常见的熟人日常见面寒暄时，不同文化下的人们通常有着不同的思维习惯和表达。汉语文化下的人们经常会问“吃了吗”“上班呀”，但是如果遇到西方朋友，打招呼时如果进行机械地转换并表述为“Have you had your meal？”或“Where are you going？”则会被认为是对别人私事的干涉。因而，西方人在见面时，通常用“Nice day，isn't it？”“What a fine day！How are you？”之类的表述。针对这些在社交礼仪方面存在的文化差异，在进行跨文化视角下的语法教学中，都应给予充分的关注和重视，否则，极易导致交际障碍的出现。

2. 思维方式差异对大学英语语法教学的影响

思维同语言间存在着密切的关系，由于中西方文化下人们思维方式的不同，就同一主题的表达方式也往往存在着诸多不同。这种思维方式的差异对语法学习的影响是显而易见的。语言学习者在学习第二语言的过程中都不可避免地会受到母语的影响。这种母语思维的影响渗透到词汇、句法、语篇、语体等各个层面，具有全方位性和多侧面性，其对语法方面的影响也非常明显。例如，有很多学生在初学语言时通常会受到汉语的影响而写出一些汉语思维的英语句子。例如：

Mountain has a lot of trees.

山上有好多树。

这种句子在表述的过程中就是受到了母语思维的严重影响。

（二）大学英语语法教学的趋势和维度

1. 语法教学的趋势

基于以往的实践不难发现，在对大学英语语法教学进行实践的过程中也曾经因为认识偏差或对形势没有把握清楚而出现失误。因而，明确目前语法教学的新趋势非常必要和迫切，这样有利于找出并采取与大学生语法学习相契合的学习方式，更有效地调动大学生的学习热情，提高语法课堂教学的效果。我国学者郝兴跃在综述20世纪90年代以来国外语法教学新趋势的基础上，对当前语法教学的新趋势进行了如下归纳，即应将明示性语法教学同暗示性语法教学结合在一起进行教学。具体有以下几方面的体现。

（1）应将传统意义上的语法教学让位给具有交际性的语法教学。

（2）语法教学意义的语境化。

（3）应将语法教学同其他语言技能的学习有机地融合起来，也就是说不能单纯地为了教语法而教语法。

（4）应在语法教学中将归纳法和演绎法有机地结合起来。

（5）在语法教学中也应融入以学生为中心的思想理念。

通过分析上述的几大方面，不难发现，新趋势下的语法教学要求我们一改传统意义上语法教学的做法，在教学实践中更加注重语法教学的实效、趣味性和语法教学的价值。并且能够将语法教学同大学生的知识状况、身体发展情况以及各个专业需求情况密切结合起来。以跨文化交际为视角对语法教学进行探讨就是一项符合语法教学新形势的教学尝试。

2. 语法教学的维度

在长时间的外语教学的历史进程中，语法教学的维度也一直处于动态的变革发展过程中。这些语法教学维度的变化不仅很好地反映了人们对外语教学方式实用性的极力追求，而且很好地反映了人们对外语教学本质认识的逐渐深化。最明显的两个维度要数单维时期和三维时期。

（1）单维时期。在语法教学的单维时期，人们普遍认为早期的外语教学方法为语法翻译法，语法教学的实用性主要有以下方面的体现。语法形式非常简约，教师在进行语法教学时通常都是用母语进行解释，并认为这种方式非常便于学生理解。这种单维时期的语法教学同后来出现的结构主义语法教学也有着诸多共同点，即都是以句子为基础而进行的教学，这两者都对句子的线性组合形式给予了密切的关注，所涉及的意义基本上也都是词汇和句子本身的意义。对意义进行的分析和理解通常都是单维度的，并且是平面的。

（2）三维时期。随着语法理论的发展，尤其是系统功能语法与认知语法的发展，人们对外语教学的本质也有了更加深入的认识。很多相关学者就语法教学的三维时期提出了自己独到的见解和认识。针对语法学习本身，大卫·纽南（David Nunan）指出，形式、意义与使用是互动的三个方面。

拉森–费里曼（Larsen Freeman）针对语法问题进行了更明确的阐述，她认为语法应包括语形、语义和语用三大方面的内容，并且这三者间存在着相互依赖、相互联系的关系。其中一方面的变化通常会导致另一方面发生变化。

塞尔斯–穆尔西亚（Celce Murcia）也曾经明确指出，已经逐渐清楚地显示了语法形式就是理解与创造口头和笔头语言的资源和工具，而不是目的。然而，假如是在没有语境的句子层面进行教学，如此的形式或语法教学对第二语言学习者的听、说、读、写等各项技能都是没有太大意义的。从事实来看，在探讨语法意义的认知理解与对语法教学形式和意义相结合的维度这一方面，斯威彻尔（Eve Sweetser）与乔治·尤尔（George Yule）等学者都进行过相对比较细致、深入的工作。斯威彻尔着眼于语源学和语用学这两个角度，对语义结构的隐喻和文化内涵进行了具体的论述。他将英语中比较难把握的词类置于特定的语法项目中，并从认识的视角对其进行了系统的、具有信服力的分析，具体涉及知觉动词的多种意义、情态词的词义变化、连接词与条件句的多项意义差别等。斯威彻尔的这种系统分析的维度具有三维的特点。其内容具体见表4–2。

表4–2　斯威彻尔对语法教学的三维分析

序号	维度	具体内涵
1	社会物理域	又被称为“现实世界”，通常是以较客观的形式存在的方式，更加容易操控和实现
2	心智认识域	又被称为“内部世界”或“认识世界”，通常是以较主观的形式而存在的方式，具体表现在心智和逻辑等方面
3	言语行为域	又被称为“言语行为世界”，通常是以情景或会话的形式存在的方式，具有很强的即时性特点

斯威彻尔还认为，词句意义的变化是因为不同意义域间在一定的文化背景下隐喻认知产生的。

乔治·尤尔认为，语法是形式、意义和用法的结合体，为了更加便于教学，他将语法结构视为一种具有内在规律性的，大家广为认可的表达概念意义的手段，并运用多种理论如语用学、语义学以及语篇分析等对特定的语法形式所传达的意义特征进行阐述。乔治·尤尔的一些基于传统语法项目的认知语义理解和分析虽然带有非常明显的依照功能进行分类的色彩，如所分析的条件句，但他同时也对不同意义域的不同作用给予了密切的关注，如他所分析的情态词。

（三）大学英语语法教学的现状

1. 教师对语法教学的忽视

当前，很大一部分大专院校非常重视培养学生的英语运用能力，特别是重视提升学生的听说能力和写作能力。因而，在大学英语课堂上，教师也日益倾向于使用交际教学法和听说教学法。但是，有一部分教师却将语法同交际法教学相对立，并存在着以下错误的认识，即学生的语法知识是在日常语言的使用过程中逐渐提升的。进而导致如下事实，在进行实际的语言交流的过程中，存在着很大一部分学生并不能够较精确地进行思想的表达，其实这恰恰就是忽视语法教学的结果。另外，还存在着一部分英语教师，他们认为学生在中学时期已经学过了语法，在大学时期就没有必要再开设语法课，这种观点其实是不科学的。因为通过对一些大学新生的语法素质进行分析不难发现，很多学生在中学时代所学的语法内容并不完善，语法内容的难度也比较小，学生升入大学阶段之后，依然需要教师就该阶段要学习的语法内容进行说明、讲解和归纳，对学生所要学习的语法内容进行强化训练，引导学生夯实和巩固，从而使学生能够达到对语法掌握并灵活运用的目的，这样一来，也能使语法教学收到事半功倍的效果。

2. 学生对语法学习的抵触心理

当前，存在着很大一部分大学生在升入大学之后，对英语语法学习本身开始持消极心态的现象。这种现象之所以产生，主要是因为：其一，有一部分学生受到传统英语教学的影响比较严重，将语法教学同识记语法规则以及做大量的语法习题相等同，学生由于在中学阶段已经反复经历，往往会对这种教学模式产生厌倦；其二，还有一部分学生受到英语四级、六级考试和交际英语等的影响比较大，一味追求考试通过率以及口语交流等，甚至认为语法学习对他们的英语语言水平的提升特别是听说能力的提高作用并不大；其三，还有一部分英语成绩比较好的学生自以为有比较好的语法基础，到了大学阶段后便开始放弃对大学英语语法的深入学习，这种想法其实也是非常不好的，如果学生的语法功底不够扎实，当学生在遇到一些长难句、复杂句时，理解起来依然会很吃力。因而，上述诸多对语法学习的抵触心理都会对英语语言的深入学习埋下隐患。

3. 大学英语语法课的缺失

从当前来看，在绝大多数的高校所开设的公共英语基础课上，学生所学到的知识通常是围绕英语教材开展的，一周也通常仅安排四个课时的英语课，并且英语课的主要类型也大多是精读、听力或听说。在有限的课时中，英语教师通常还需要完成单词和课文的讲解以及练习讲解等多重任务。在此情况下，有些教师为了更好地完成教学任务，通常会少讲或者不讲语法规则。长此以往，这样的语法教学就会缺乏有力的监督，如果相关部门不进行有效的引导和监督，就会使教师产生放弃教授英语语法的想法，这对学生的发展是非常不利的。

4. 语法教材过于单一

通过对当前市面上的英语语法教材进行分析，不难发现，很多英语语法教材都是按照语法知识的系统性特点进行编写的。尽管英语语法教材类型多样，但是大同小异。最常见的语法教材有张道真的《实用英语语法》、薄冰的《英语语法》等。综观全国的各大高校也不难发现，很多使用的语法教材也大多都是这几位编者编写的。当然，一些高校的英语教师有的也使用自己编写的语法教材，但是，这些教材往往都是以语法知识的系统性为出发点进行编写的，因而形式相对比较单一，内容上也通常会给人以千篇一律的感觉。如果这些语法教材太过陈旧，通常会使学生感到枯燥乏味，使用这样的教材进行授课，有时也会无形中降低语法教学的效果。

（四）大学英语语法教学的目标

大学英语语法教学的目标是一个层层推进、由低到高、由简单到复杂的过程。因此，大学英语语法教学的目标可以大致分为初级阶段目标和高级阶段目标。初级阶段目标称为“知”，高级阶段目标称为“能”。在初级阶段目标和高级阶段目标之间存在一个过渡阶段，即“练”。“知”是指要掌握英语语法知识，了解语法内容，知道语法规则，这是初级阶段的语法教学目标。“能”是指能够在语言活动中根据特定的语境正确运用语法规则来准确表达其所要表达的语义，这是语法教学目标的高级阶段。“练”是由“知”向“能”过渡的阶段。从严格意义上讲，“练”并不是语法教学的目标，而是一个由“知”向“能”转化的过程。在“练”的阶段，学生对有些语法规则点的"知"正逐步转化或已经上升为"能"，而在另外一些点的"知"还没有上升为"能"。需要注意的是，一些上升为"能"的"知"并不太稳定，既有可能体现为"能"，还有可能体现为"不能"。要想达到"能"这一终极目标并不意味着首先要达到初级阶段目标。换言之，想要在语言活动中正确运用语法规则，并不一定必须首先掌握语法知识。但是，学习和掌握英语语法知识对很多外语学习者而言可能是实现高级目标"能"的最有效的一种途径。

事实上，大多数人在学习母语的过程中都能达到高级阶段的目标，但是却很少有人拥有一套系统的母语语法知识。这就说明，正确地应用语法规则并不意味着一定具备系统的语法知识。因而，交际学派认为"这种母语语言直觉的获得途径可以在外语学习中加以复制"。所以，交际学派主张语法教学应取消，外语语法规则可以通过语言交际活动自然习得，并最终达到正确运用语法规则的目的。而肖礼全认为，"母语语言直觉的获得途径在外语学习中无法复制，但是可以重建"。

由上述分析可知，掌握英语语法知识并不是英语语法教学的最终目标，它只是一个阶段性目标。将语法知识转化为在英语实践活动中有效运用的能力，是掌握英语语法知识的最终价值所在。

（五）跨文化视角下大学英语语法教学的原则

1. 实用性原则

实用性原则最直接的体现就是在选择和处理语法教学项目上。针对第二语言学习者来看，下面的一些语法内容的教学价值更明显。其一，一些最基本、最常用的语法内容更具典型性、规范性和普遍性。其二，极易发生偏差和错误的语法内容。其三，语法用法上的一些具体的适用条件和限制条件。实用性原则又被称为统领性原则，各个角度的实用性问题又在各项原则中有更具体的体现。

2. 针对性原则

针对性原则具体体现为针对国别语种、针对语法要点和针对水平层次这几大方面。

（1）针对国别语种。针对国别语种具体包括以下两方面的内容：其一是语言特征的差异性；其二是文化在语言中的渗透。一门语言同另外一门语言所表现出的具体差异，通常同其民族观察和认识世界的角度与特定的区分世界的范畴存在着密切的关系，并且会自然地在语法中渗透出来，并在语言的选择和搭配方面有所反映和体现。语言作为文化的载体，文化因素的渗透不仅会在词义内涵上有所体现，还会在语法的组合聚合关系上有所体现。因而，需要在具体的语法教学实践中进行有针对性的处理，并做到重点突出。

（2）针对语法要点。针对语法要点主要体现在以下两方面。其一，按照学习者的层次水平，对语法项目进行阶段性的处理，阶段不同，其所体现的教学要点通常也存在着一些差异。其二，结合不同阶段的教学要点，进行直接针对问题点的具体教学处理。例如，问题的要点、操练的模式以及偏误的类型等，应突出具体的语法教学要点。在备课时就要进行有针对性的分析和预测，如采取怎样的教学模式规避类似问题的发生。总之，应针对具体的用法将语法教学细化，明确语法教学的切入点，选好、选准导入和操练的角度。

（3）针对水平层次。水平层次具体指的是学习者对语法知识的接受水平和理解程度。任何一项语法项目应用怎样的言辞表述，用怎样的方法进行传授，应讲解到何种程度，通常都要根据教学对象的特点具体确定。就初级阶段的语法教学来看，在语法教学内容上，更加适合以局部具体项为着眼点，不应进行过多的知识性的综合。操练方面应以点练习为主要形式。就中级阶段的语法教学来看，通常需要对一些局部的语法知识进行一定的整合，并辅助以少量的解释，能够让学习者知其所以然，同时可运用一些对比、比较来深化知识，但是，依然需要以练习为主体。从高级阶段的语法教学来看，通常应以提高、补充以及综合表达之类的语法教学为主，需要学习一些同语境关系比较密切的用法和句式，并讲解和对比一些预设、语境、篇章相关的词语，需要将初中级已经学过的一些具体、单一、感性的语法知识进行整合，让学生对语法知识有更系统、更理性的认识和掌握。

3. 简化原则

简化原则就是在具体的语法教学实践中，将一些复杂、抽象、理性的语法内容和规则进行有条理的、简洁的、浅明的教学处理，使语言更加直白易懂、直观形象。这样一来，在进行语法教学讲解之后，学生不仅能理解得更加深刻，而且也能对语法知识运用得更加灵活。

4. 操练原则

操练原则具体指的是在开展语法教学的过程中应进行大量的句法形式、意义关系以及实际应用之类的操作性训练。这一语法教学原则可以被视为对语法教学性质理念的最实际和直观的检验。在具体操练的过程中，教师扮演着引导者的角色，旨在帮助学生来认识和理解一些语法现象、使用规则和规律等，从而更好地建立起语法的认知系统。当然，学生所进行的操练通常是在教师讲解的基础上，教师在讲解时应提纲领抓住一些关键点来讲，讲授一些富有启发性、实用性比较强的语法内容；操练时应密切配合讲解点，从各个不同的角度、层次、语境和侧面来进行多样化的实际性练习。通常，按照语法项目、教学目的和教学要点的不同，操练的基本模式具体见表4–3。

表4–3　操练的基本模式

序号	操练内容	具体实施
1	针对讲解的要点	进行要点分解操练
2	针对句型、语法项目	进行局部整合操练
3	针对句型、语法项的应用	紧密结合情景、实际生活进行操练

如果从属性上对上述三种模式进行分析，第一项和第二项属于静态化的训练，其侧重点主要放在格式、分布、语序以及搭配之类的理解训练上，主要用来解决规则的建构、记忆的强化以及形成惯性等问题。第三项属于动态性的训练，其侧重点是语法形式、规则以及限制条件的选择在实际情景中的运用等方面，主要用来解决如何与实际相符合、合理得体地选择和转换表达方式以及对实用性理解的强化之类的问题。

（六）跨文化视角下大学英语语法教学的方法

1. 演绎教学法

由于语法教学具有抽象性特点，因而运用演绎教学法进行语法教学非常普遍和常见。这种教学法具体指的是运用一般的原理对个别性论断进行证明的方法。演绎法的具体运用过程其实就是由一般到特殊的过程。运用该方法进行语法教学时，教师可先简单地向学生提出抽象的语法概念。紧接着进行举例分析和说明，将这些具有抽象性特点的概念引用到具体的语言材料中，并借助大量的类似的练习材料来帮学生学会独立地运用这些语法点。例如，在讲授情态动词这一语法现象时，可将一些比较常见的情态动词的可能性大小进行演绎，如图4-2所示。

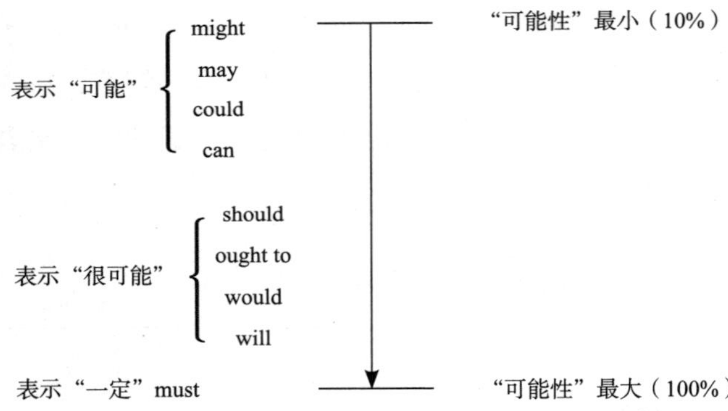

图4-2　常见情态动词“可能性”大小演绎示意图

尤其需要说明的是，以上的这些表示推测性用法的情态动词本身并没有时间上的差异。

按照动作所发生的具体时间，情态动词的“推测性用法”又可具体分为以下几种。

（1）用来表示对“现在或将来事物的推测”，谓语可表示如下：

情态动词+do（动词原形）

示例：She must know what he means.

她一定知道他的意思。

（2）用来表示对“过去已完成事物的推测”，谓语可表示如下：

情态动词+have done（过去分词）

示例：Mary ought to have finished her homework by now.

到现在玛丽应该做完作业了。

（3）用来表示对“现在进行事物的推测”，谓语可表示如下：

情态动词+be doing（现在分词）

示例：Peter should be playing cards with his classmates.

彼得很可能在跟同学打牌。

（4）用来表示对“过去进行事物”的推测，谓语可表示如下：

情态动词+have been doing（现在分词）

示例：Lucy should have been studying yesterday morning.

昨天早上露西很可能在学习。

2. 微课程教学法

随着“互联网+”时代这一大形势的发展和国际跨文化交流的日益频繁，语言教学模式、教学方法等也应顺应时代形势的发展进行相应的革新和变化。与此同时，语言的教学还应结合并借鉴传统意义层面的翻译法、讲授法等的经验，弥补传统意义教学的不足，并充分考虑新时代下大学生的个性化需求和特点，展开与时代发展相贴近的语法教学。其中微课程语法学习法就是其中的一种结合当前大学生热衷笔记本电脑、智能手机以及iPad等移动终端设备并能通过利用这些资源获取文字、图片并随时随地观看视频这一特点而进行的比较有意义、有价值的语法教学方法的实践和尝试。

具体而言，微课程教学法是指以“云环境”背景为依托，并倡导“导学一体”这一理念的教学方法。具体涉及以下三个方面。

第一，课前自主学习任务单。

第二，配套学习资源。

第三，课堂教学方式的创新。

其中的课前自主学习任务单具体指的是教师指导学生进行自主学习的方案，这一模块的自主学习任务单对于单位课时的教学活动具有灵魂性的导向作用。配套的学习资源具体是指微视频。这种类型的资源具有短小精悍、主题突出、便于运用等特点。关于课堂教学方式的创新，教师在具体教学中可采用灵活多样的方式，如小组间的PK、小组或同伴间的合作学习、教师的点评、小组间的互评等，借助这些形式尽可能地激发学生的学习兴趣，培养学生的团结协作精神和创新精神。

为了对该课程教学模式有更深入、更清晰的认识，下面将结合以建构主义学习理念为指导的微课程教学法的教学模式进行简要分析。具体如图4–3所示。

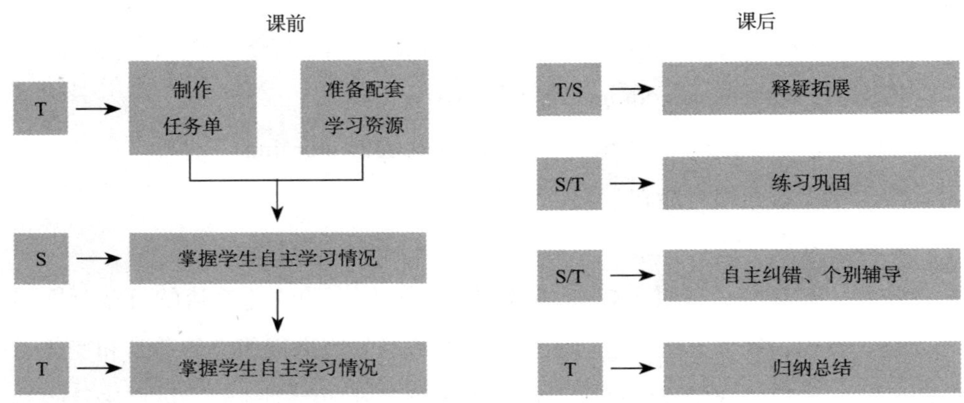

图4–3　微课程教学法的教学模式

（1）课前三环节。

第一，制作任务单，并准备与任务单相匹配的学习资源。在进行任务单的制作之前，应做好充分的准备工作，首先最关键的就是要明确任务单的主题。在对任务单的主题有清晰、明确的把握和认识的基础上，深入地调查和研究教材上的具体内容和学生已有的语法知识情况。将语法知识的重难点和学生相对掌握得比较差的语法知识点挑选出来。在此基础上，与所选知识点相结合来充分准备学习资源，其中相配套的学习资源应主要以“微课”的学习形式出现，并且应能够将内容呈现清楚，目标明确，还可借助多样化的形式如图片、表格等加以呈现，时间的长度应尽可能地控制在10分钟以内。当前比较常见的微课呈现形式就是采用MP4或FLV格式。需要注意的一点是，为了更好地优化语法教学和学习的效果，通常应提前将这些学习资源和任务单发给学生。

第二，学生自主学习。上述所提及的一些任务单、配套学习资源等都可以通过现场拷贝或班级群共享等形式提供给学生。这样一来，学生能更加自主地展开课前的学习，提前对任务单上所罗列的任务有明确的认识，并且能将自主学习过程中所遇到的一些问题提前记录在任务单下方交给老师。

第三，教师掌握学生自主学习的情况。在上述两个环节的基础上，教师能够对任务单的完成情况和学生所遇到的一些问题有一个整体性的认识。这样教师就能根据具体情况进行课堂教学准备了，也能更好地提高其教学的针对性和目的性。

（2）课中的四大步骤。微课程语法教学法在课中包括以下四大步骤，具体如下。

第一，释疑拓展。释疑拓展具体是指教师应以学生任务的完成情况和所遇到的问题为参照，在课堂上针对学生所遇到的问题进行详细讲解，同时还可以根据学生的实际情况对某一语法点进行延伸或拓展。

第二，练习巩固。练习巩固具体指的是教师分配课堂任务作业，先让学生独立完成，然后再进行组内讨论完成指定的题项。通常情况下，可以采取安排小组代表上台为全班学生讲解这一形式，对所学的语法点进行巩固和强化。

第三，自主纠错、个别辅导。在这一步骤中，要求学生对其语法失误进行自主分析，并查找失误的原因。如果学生遇到了一些疑难问题，可向教师请教，教师可以进行有针对性的指导。

第四，归纳总结。在课堂结束之际，教师应对本节课的所有语法知识点进行相应的归纳和总结。

3. 语境教学法

通常，语法都是在具体的语境运用过程中得以呈现的，因而与具体的语境相结合来阐释语法知识也是使用频率比较高的语法教学方法。学生在语境中对语法规则进行体验、感悟、总结和运用，不仅能够很好地学以致用，而且对提升学生的交际能力也大有裨益，这也是同跨文化大学英语语法教学的理念相一致的。在具体的跨文化交际过程中，语境通常更复杂，并且涉及不同语言、不同文化下人们的交际语境。这种借助语境进行的语法教学正好有效地弥补了传统语法教学中忽视外在语言环境的情况。下面就结合几种利用语境来设计的语法教学进行具体分析。

（1）借助语篇来设计语境。语篇是包含特定语境的各类语法形式的有机组合形式。基于语篇的这一特点进行考虑，语篇就能够为语法规则的归纳、比较与总结等提供较好的上下文语境。语法教学中一些常见的语法知识点和项目，如冠词的使用、时态、主谓一致关系和非限定性动词的使用等，通常都应置于一定的上下文语境中，只有置于语境中来讲授这些语法知识才能更加充分地体现和理解这些语法项目所蕴含的意义。从时态教学来看，传统的语法教学中，都是运用句子来讲授各种时态的，各个时态间相区别的标志也通常是句中所出现的一些标志词，如just now、often等。这种形式的教学其实有其固有的局限性，单纯地局限于句子使学生很难全面地掌握某一时态的具体用法，并使学生很难依照语义需要来正确地选择具体的时态。因而，不管句型操练多少遍，如果该时态在某一语篇的具体语境中出现时，学生也相对会比较难把握和熟练运用这些时态，进而会导致在语法规则的形式、意义和用法等层面产生矛盾。因而借助语篇来设计语境，能够让学生在一个比较高的层面上对时态的意义和用法有全面的把握。但是，借助这种方法来教授语法，通常也对教师提出了更高的要求，需要教师精心地设计和选择语篇，并做好充分的准备。

（2）借助多媒体教学手段来设计语境。考虑到多媒体集图、文、声、像于一体这一优势，借助多媒体也能为语法规则的学习和教学提供使用语言和用语言进行交际的具体情景语境，并且能够使静态化、枯燥的语法知识变得更加立体，富有趣味，并能充分调动学生学习的主动性和积极性。例如，就情态助动词can、may、must、shall、would、could等来说，有一部分学生通常会自认为自己已经掌握了这些词的规则和意义，但是，在同以英语为母语的人士进行交际的过程中，通常会出现由于用词不当而给人一种语言运用不到位的感觉。针对这一现象，可以有效地运用多媒体手段，制作一些简单的动画或者播放同教学内容相关的情景短片，使实际的交际场景得以再现，或者以巧妙的课堂设计加以辅助，让学生在对情景语境的模拟中来反复使用语法规则，对这些语法规则的用法意义进行体会、比较、感知和总结，进而达到完全掌握语法知识这一最终目的。

（3）借助现实场景来设计语境。英语教学通常也是发生在特定的时空和场合的，是在师生间展开的。因而一些从表面上看似单调乏味的日常教学事实通常也蕴含着一些鲜活的情景语境，教师应善于发现并对这些现实场景进行充分利用，并结合语法规则的特点来设计语境。以祈使句这一语法项目的讲解为例，祈使句的主要功能为表达命令、指示和请求，或者可以用来表示劝告、建议、祝愿和欢迎等意义。现代英语中的祈使句又可分为第二人称祈使句和第一、第三人称祈使句这两大类型。其中的第二人称祈使句将听话人“you”作为祈使对象，“you”通常并不会显现出来。第一、第三人称祈使句通常是以let为引导词，第一人称的祈使句以说话人自己me为祈使对象，第三人称祈使句以him/them为祈使对象。在具体的语法教学中，教师就可以利用师生间、生生间的身份并配合不同的场景来开展相应的情景教学。

4. 练习法

语法教学作为语言教学中的一项重要内容，其最终目的也是让学生能够将知识运用到实际中，从而更好地培养学生的综合素质和能力。因而，就需要教师对语法练习进行科学、合理的选择和设置，有效地组织学生进行语法项目的操练。但是，采用练习法来操练语法项目并不是盲目进行的，而是分阶段进行的，通常需要遵循循序渐进的原则来让学生达到熟练应用的目的。一般而言，需要先通过模仿、替换、不断重复来进行机械式的训练。机械式练习通常要求学生达到不用理解句子的含义就能做出迅速、正确的反应。紧接着，通过造句、仿句、改句、改错、翻译等方式来内化训练，内化训练通常要求学生围绕教学内容进行，要求学生能够达到熟记、理解的程度，并能做出正确的反应。最后，教师可借助场景对话或问答之类的口语训练进行交际操作训练。这种训练方式最终要求学生能综合运用所学的语法知识，并能组织语言迅速做出反应和回答问题。

第二节　跨文化大学英语听说教学

一、跨文化大学英语听力教学

随着当今世界科技化和信息化的飞速发展，地球变得越来越小，人们的交流受时间和空间的限制越来越小。21世纪是全球化和国际化快速发展的时期，英语已成为一门世界性的语言。在此国际大背景下，学习英语的目的不仅是学习英语语言知识和英语国家文化，而且是要适应日益频繁的文化交往，满足国际交流需要。

随着经济全球化的发展，可以毫不犹豫地说，世界已经进入了“地球村时代，由此带来的跨文化交际也更加频繁。因此，要想更好地融入国际化的浪潮中，必须具备跨文化交际的意识和能力，这也是提高中国的综合国力、实现中华民族伟大复兴的必然要求。在学习英语这门世界性语言的过程中，听、说、读、写、译是必须掌握的五种语言技能，而其中最基本的就是英语听力理解能力。这是成功进行跨文化交流的先决条件。但是，综合分析当前我国大学英语听力教学的现状，仍能发现一些急需解决的问题。以下就在分析文化对大学英语听力教学的影响以及大学英语听力教学的现状、目标与方法的基础上，对跨文化大学英语听力教学进行研究。

（一）文化对大学英语听力教学的影响

文化与语言是密不可分的，语言是文化的载体和媒介，文化又同时影响和制约着语言交际。邓炎昌、刘润清在《语言与文化》一书中提到：“语言反映一个民族的特征，它包含着该民族对人生的看法、生活方式和思维方式。”因此，对文化背景知识和中西方文化之间差异的深入了解在语言交际中有重要的作用，在面对丰富多彩的听力材料时，才能有效消除听力理解中的语言障碍，提高听力理解能力，从而更好地实现跨文化交际。民族文化的独特性包括很多方面，如风俗习惯、思维方式、价值观念、表达习惯等，而在跨文化交际中，人们又总是习惯基于自己民族的文化背景及语言表达习惯，用自己固有的思维方式去理解别人说的话。因此，了解与交际内容相关的文化背景知识具有非常大的必要性。这也可以看出，熟悉英美国家的文化背景知识对完成英语听力理解的重要意义。

在大学英语听力教学中，学生的听力理解过程是以头脑中已存的背景知识为基础的，并运用多种听力策略进行语言信息解码和意义重构的过程。这里所说的“背景知识”不仅指语言表面形式中蕴含的信息，同时还包括文化背景知识和常识等。只有具备丰富的文化背景知识，才能有效地对输入的声音信号进行辨认。学生在听力理解中遇到的主要障碍除了语言本身的因素，还有涉及习俗、历史、价值观等方面的文化因素，而后者又常常是容易被忽略的。这也凸显出了文化背景知识的传授在英语听力教学中的重要作用。

（二）大学英语听力教学的现状

大学英语听力教学是提高英语应用能力的基本环节。同时，听力理解能力也是语言能力的重要组成部分。然而，在教学实践中，听力教学一直都是大学英语教学中的薄弱环节。目前的英语听力教学模式、教学形式、教学方法等多少存在一些问题。

1. 教学模式单一

总体来说，目前我国大学英语听力的教学模式仍是单一的、陈旧的。虽然，近些年来多媒体技术的发展为英语听力教学提供了新型教学手段，但是在实际教学实践中，学生的学习方式和教师的教学方式以及师生之间的互动方式并没有大的改进。英语听力教学并没有完全充分地与多媒体技术相结合，多媒体的利用效果以及其自身优势的发挥程度较差。教学方式仍以传统的教学模式为基础，采用“教师播放录音—学生反复精听录音内容—核对答案”的形式。

新的教学模式应充分发挥多媒体英语教学实用性、知识性和趣味性的特点，体现学生在教学过程中的主体地位，将现代信息技术的特点与传统课堂教学的优势结合起来。

2. 缺乏教学设计

缺乏教学设计也是当前大学英语听力教学中的一个突出问题。有些年龄较大的教师从事多年的英语教学工作，对新鲜事物的接受较慢，无法从认识上较快地适应和使用先进的多媒体设备，又或者简单地将其视为录音机的升级设备，无法充分利用多媒体教学的优势。还有的教师过分依赖多媒体的“科学性”和“先进性”，对教材附带的多媒体课件不进行任何修改，直接用作课堂教学材料，成了多媒体设备的“操作者”，忽视了其自身在教学实践中的主导作用。甚至有的教师不具备制作多媒体课件的技能。这种千篇一律的课件和教学设计实际上削弱了教师的临场发挥能力和“教”的作用，也无法发挥出多媒体环境的优势，至于因材施教，更是无从谈起。长此以往，学生在这种教学设计下极易失去学习英语的兴趣，听力能力更无法提高。所以，改善当前单一的听力教学设计，激发学生听力学习的主动性显得非常关键。

3. 教学评价片面

教学评价是大学英语听力教学的重要环节，评价的内容主要包括两个方面。一方面是对教师教学工作过程的评价，其目的是为教学实践提供重要反馈信息，同时改进教学管理。另一方面是对学生学习效果的评价，其目的是为学生调整学习策略、改进学习方法提供依据，以此提高学习效率和学习效果。

因此，全面、客观、科学、准确的评估体系对于实现大学英语听力教学目标有重要的意义。但是，当前大多数高校的英语听力教学仍然采用的是终结性评价方式，只关注听力测试的成绩，忽视学生平时的表现及听力能力的提高。这种评价方式是片面的、不科学的。此外，大多数学校的英语听力课程并没有单列出来，而是以综合英语中一个分支的形式存在，对听力课程的评价也融合在公共课的范畴中。这一课程设置从某种程度上说，也体现了学校管理者或教师对于大学英语听力教学的不重视。

4. 教师自身问题

教师本身的专业能力以及教学态度都会对英语听力教学的效果产生影响。

（1）缺乏足够的教育学理论学习和认识。理论对实践有指导作用。除了要具备扎实的专业理论知识，教师还要对一些教育学理论有深刻的认识。这样才能以这些理论为教学指导，了解语言习得的内在规律，熟知情感因素对学生学习的影响，更好地组织英语听力教学。

（2）教学态度不积极。当前大部分高校对英语听力课程的重视程度并不是很高，英语听力课的课时也很少，这就对部分教师的教学态度产生了消极影响。这些教师对听力教学材料的准备、教学方案的设计、教学活动的组织等逐渐显现出了应付的心理。这对于提高学生听力学习的积极性，提高学生的听力理解能力和跨文化交流能力十分不利。

教师的教学态度和精神状态对学生的学习态度和上课状态有重要的影响，教师的精心准备和教学热情能够感染每位学生，使他们积极融入听力课堂中来。此外，学生学习听力的热情也对教师的教学起到鼓舞作用，如此良性循环，才会使听力课的教学效果得到改善和提高。

5. 学生听力学习问题

学生在听力学习的过程中也存在很多的问题。总结来说，大多数学生的听力障碍主要集中在以下几个方面。

（1）辨音错误。对听力材料中的语音进行辨别是理解词义、句义，乃至整个语篇大意的基础。在辨别语音方面常见的错误有以下几类。

第一，近似音误听。

第二，连续音误听。

第三，英音和美音的误听。

第四，由于地方口音的干扰而产生的误听。

第五，弱读音节的误听。

（2）词汇缺乏。词汇量的多少和掌握的牢固程度也是影响听力理解水平的重要因素。由于不科学的记忆方式和使用方式，有些学生习惯于机械背诵单词的拼写，疏忽单词的发音方式和使用方法。因此，在听力训练时，无法做出正确、快速的反应，从而影响了对语篇大意的把握。

（3）语法知识不扎实。语法是语言组织的框架和规律。对语法知识的掌握同样影响着语篇大意的理解。有些学生语法知识不扎实，在理解结构比较复杂的长句时都有一定的困难，更不用说进行听力理解。

（4）文化背景知识的缺乏。缺乏与听力材料内容相关的文化背景知识，有时即使听清了听力内容的字面意思，也很难正确理解和把握说话者的意图。

（5）心理因素的影响。有些学生在进行听力训练时，会不自觉地感到紧张、焦虑，这种心理状态会对听力理解的效果产生不良的影响。这实际上是缺乏自信心的表现。

（三）大学英语听力教学的目标

大学英语听力教学不仅要传授英语听力知识，还要培养学生的听力技能，两者结合才能顺利完成听力理解的任务。在大学英语听力教学的目标中就涉及听力知识与听力能力两个方面。《大学英语课程教学要求》将英语听力教学的目标分为三个层次，即一般要求、较高要求、更高要求。

1. 一般要求

英语听力教学的一般要求主要有以下几个方面。

（1）能听懂英语授课。

（2）能听懂日常英语谈话和一般性题材的讲座。

（3）能听懂语速较慢（每分钟130～150词）的英语广播和电视节目，能掌握其中心大意，抓住要点。

（4）能运用基本的听力技巧。

2. 较高要求

英语听力教学的较高要求主要有以下几个方面。

（1）能听懂英语谈话和讲座。

（2）能基本听懂题材、熟悉篇幅较长的英语广播和电视节目，语速为每分钟150～180词，能掌握其中心大意，抓住要点和相关细节。

（3）能基本听懂用英语讲授的专业课程。

3. 更高要求

英语听力教学的更高要求主要有以下几个方面。

（1）能基本听懂英语国家的广播电视节目，掌握其中心大意，抓住要点。

（2）能听懂英语国家人士正常语速的谈话。

（3）能听懂用英语讲授的专业课程和英语讲座。

通过上述内容可以看出，教学过程中促进学习者听力理解和技能运用能力的提高是教学活动开展的主要目标。了解了英语听力教学的目标，在教学过程中，教师应该有意识地培养学生的听力技能以及交际中信息的获取能力。

（四）跨文化视角下大学英语听力教学的方法

通过分析当前我国大学英语听力教学课堂的现状，能够明显地发现制约学生交际能力提升和发展的瓶颈就在于听力理解。也就是说，在大学英语听力课堂中，仅仅掌握语法和词汇知识是远远不能顺利完成跨文化交际的。因此，有必要寻找能够有效提升学生跨文化交际能力的英语听力教学方法。

1. 多媒体辅助英语听力教学

（1）多媒体辅助英语听力教学的概念。多媒体辅助英语听力教学是一种新型的、特殊的英语听力教学方式，它与传统的听力教学方法是不同的。

当前我国高校英语听力教学普遍应用的还是以完成听力材料为教学任务的传统教学方式。基本教学步骤也大致相同：首先，播放磁带录音，学生完成听力练习；其次，教师组织核对练习答案；最后，再次播放录音，检查疏漏之处，讲解生词和疑难句型，加深学生对听力材料的理解。这种教学方式实际上训练的是学生的应试能力，而不是跨文化交际真正需要的实际听力技能。

当代大学生学习英语的根本目的是运用英语这门语言进行跨文化交际，而不是追求语言形式的正确性。这是语言学习的本质，也是大学英语听力教学的最终目标。因此，听力理解和口语表达的训练必须紧密联系在一起，进行有机结合，不可单独进行。为了满足二者相结合的需求，多媒体辅助英语听力教学应运而生。

多媒体辅助英语听力教学符合语言教学的规律，能够充分调动学生的听觉、视觉，并与口语表达结合在一起，在形象生动的环境中，提高英语运用和交际的能力。而为这种教学方法提供硬件支持的便是多媒体语音实验室。在多媒体语音实验室中，音频视频系统、语言测试系统、网络系统及电脑磁盘信息输出系统等使听力教学变得更加形象和直观。学生在进行听力训练的同时，从直观的形象中也能获取到更多与听力材料有关的文化信息，这对于学生了解文化间的差异、增强对文化差异的敏感性有很大的作用，同时也为其口语交际提供了更多的表达方向。在提高听力技能的同时，其他方面的语言技能也得到了很好的训练。

近年来，我国高校英语听力教学的条件得到了很大的改善，多媒体语音实验室及其配套设备也有很大的发展。英语听力教学不再是简单的教师与学生间的互动，学生与学生、人与多媒体设备之间的交流也日益增多。多媒体语音实验室的类型有多种，如听说型语音实验室、视听说对比型语音实验室、听说对比型语音实验室、听音型语音实验室等。随着网络信息技术的发展，近几年还出现了数字语音实验室、移动语音实验室、无线语音实验室等新型语音实验室。听力教学环境的改善对于提高学生的听力理解能力、感知能力、创造能力和交流能力有极大的促进作用。

（2）多媒体辅助英语听力教学示例。多媒体辅助英语听力教学有多种多样的教学形式，听力材料的来源也十分广泛，可以是教材上的听力训练，也可以是广受大学生欢迎的英文歌曲，还可以是英语影视作品中的某个场景或片段，甚至还可以是综合现实性、实用性和趣味性于一体的国际英语新闻。下面就以某一首英文歌曲作为听力材料为例进行示例分析。

多媒体技术的日益发展使通过英文歌曲来提高听力能力的方式成为现实。优美的声音、动听的旋律、形象的画面、清晰的歌词激发着学生的学习兴趣。在大学英语听力教学中将英文歌曲作为听力材料，不仅能够营造轻松愉快的教学氛围，还可以带给学生语言学习的成就感。以英文歌曲为听力材料进行听力教学，可以借鉴以下的任务设计方式。

①听歌曲音频，填写所缺信息。采用这种形式的训练方法在播放音频时，可以播放三遍。第一遍的目的是使学生对整首歌的节奏、语速等有大体的印象。第二遍，完成听力练习。第三遍，对所填写的单词或短语进行检查、确认。以迈克尔·杰克逊（Michael Jackson）的《童年》（*Childhood*）为例，可以将第一段歌词进行如下设计。

Have you seen my____________?

I'm ____________ for the world that I come from.

'Cause I have been ____________ around,

In the lost and found of my heart,

No one ____________ me,

They view it as such strange ____________.

'Cause I keep kidding around,

Like a child，but ____________ me.

②听歌曲音频，选择正确的选项。这种形式的训练方法考查的是学生对歌曲大意的理解能力和综合判断能力。教师在播放歌曲音频之前将课前设计好的问题呈现给学生。学生要根据听歌过程中记下的关键词或短语，做出判断。仍以《童年》为例，可以设计以下几个问题。

The song is mainly about ____________.

A. parents

B. marriage

C. life

D. study

Childhood of the singer is ____________.

A. interesting

B. exciting

C. depressing

D. surprising

Which one of the following sentences is not mentioned in the song?

A. No one understands me.

B. Have you seen my Childhood ?

C. But pardon me.

D. Sailing around the world.

③听歌曲音频，重复句子。这种形式的训练方法与前两种方法相比，有一定的难度。教师在播放歌曲的过程中，在一些有挑战性的歌词处适当停顿。

学生可以根据自己所听到的歌词，并结合视频中歌手的表情、姿势、嘴形等判断出听到的歌词。仍以《童年》为例，可以将以下几个稍有难度的句子作为听力练习。

They view it as such strange eccentricities.

It's been my fate to compensate.

Like pirates in adventurous dreams，of conquest and kings on the throne.

需要注意的是，在多媒体辅助英语听力教学中，教师的作用不仅是选择影视资料、规定播放时间、按要求执行任务，更重要的是在听力训练中进行预先讲解、赏析引导及观后讲评等，也就是说，教师在多媒体辅助英语听力教学中的角色不是被动的放映者，而应是主动的组织者和引导者。

2. 三段式教学法

三段式教学法是在任务教学法、交际法以及图式理论的基础上发展起来的。早在20世纪70年代，英国伊林高等教育学院的听力教学法专家玛丽·安德伍德（Mary Underwood）通过研究听力理论和记忆心理规律，将听力教学分为三个阶段，即听前阶段（pre-listening）、听时阶段（while-listening）和听后阶段（post-listening），并且每一阶段都有一个清晰的教学任务。这种听力教学方法虽然受到了国内外的关注，但并未在我国的英语听力教学实践中得到发挥和应用。后来，随着语言学理论、教育学理论的发展，以及英语听力教学地位的提高，三段式教学法逐渐被人们熟知。

（1）听前。听前阶段的主要任务是激活学生头脑中原有的词汇图式及语言背景知识，集中注意力，做好听前准备。

①实例、图片导入。在练习一些以真实的对话、新闻、故事等为内容的听力材料时，教师可以收集与之相关的实例或图片进行课前导入，还可以创设真实的语言场景进行提问。这一活动的目的是帮助学生根据已有经验进行合理预测。

②视频、歌曲导入。听力训练开始前播放英文视频或歌曲，能够使课堂气氛更加活跃。同时，英文视频、歌曲也是英语文化的重要组成部分，对于提高学生学习英语的热情有很大帮助。

③关键词导入。导入听力材料中的关键词，是一种降低听力训练难度的方法。

（2）听时。听时阶段的主要任务是提高学生引出及解决问题的技能。教师应根据学生的英语水平较好地把握听力材料和听力任务的难度，使听力任务既有挑战性，又不挫伤学生听力训练的积极性。

①有针对性地进行听力训练。教师要有针对性地选择与学生英语听力水平相符的听力题型。

②指导学生提取关键词句，掌握文章的中心思想。

③培养学生的听力技巧，如速记等。

（3）听后。在听后阶段，教师可根据听力材料内容进行拓展练习。例如，角色扮演、对话练习、问题讨论、写作等任务。拓展练习的目的是帮助学生回顾听力材料中的语音、语法、词汇、句子表达等，检查及测试听时的记忆情况，更好地完成听力教学任务，实现学生的全面发展。

在大学英语听力教学中应用三段式教学法，需要注意以下几点内容。

①每个阶段的教学活动都要与听力训练具有相关性，同时还要具有多样性和趣味性。

②听力技能和听力兴趣是听力教学的主要任务。同时，听力教学活动不能只培养听的技能，还要给学生创造交际的机会。

③听力难度要符合学生当前的语言水平，教师可以对听力教材进行一定的修改。

3. 策略教学法

（1）策略教学法的理论基础和含义。大学英语听力教学实践是一个不断变化发展的过程。在早期的视听教学中，当时的教育理念认为听力理解的能力是无法通过教育获得的，听力能力是在逐渐积累和融会贯通中掌握的。而后经过一段时期的发展，听力课开始使用一些带有听力理解题的篇章作为听力材料。随着跨文化交际的发展和英语地位的提高，人们逐渐开始关注听力的策略问题，教师在英语听力教学中也开始有意识地教授学生如何有效地去“听”。语言教育学者奥马利（O'Malley）和查莫特（Chamot）对学习策略的研究对教育学界产生了重要影响。他们将语言学习策略分为以下三种类型。

①元认知策略。

②认知策略。

③交际情感策略。

其中，有效使用元认知策略对于语言的学习具有重要的意义。这一策略能够指导学习者对整个语言学习过程进行思考，通过对认知活动的计划、监控，培养预见能力，还能够在认知活动完成后进行自我评估。因此，要想使学生提高听力理解的能力，就要加强听力策略意识的培养，加强对元认知策略的使用。

因此，策略教学法就可以解释为“源于策略指导的一种教学方法”。策略教学法的教学目标是教会学生“听”的技巧和策略。

在运用策略教学法进行英语听力教学时，教师首先要使学生理解语言是如何发挥其功能的。其次，使学生形成听力“策略意识”。最后，指导学生掌握更多的听力策略以应对听力任务。

（2）策略教学法在英语听力教学中的应用。英语听力材料的形式多种多样，涉及的内容主题也十分丰富。但是，通过对众多的英语听力材料进行对比和分类，又往往能发现某些听力材料在结构或逻辑等方面表现出相同的特色。这时，如果掌握了相应的听力策略，就能轻松地完成听力任务。常见的英语听力策略有精听、泛听、寻听、略听以及预测等。下面就对这几种听力策略进行简要分析。

①精听。精听（intensive listening）策略对学生的听力水平有较高的要求。学生要在注意力高度集中的情况下，尽量听懂材料中的每一句话，甚至还要准确把握语音和语调。

听力任务中需要采用精听策略的题型常见的就是“听写”。学生只有听清材料录音或教师口述表达中的每一个词、每一句话，才能顺利写出原文，完成听力任务。除了“听写”，学唱英文歌曲，语音、语调模仿练习等任务同样需要掌握精听的策略。

精听策略的目的在于使学习者熟悉目的语使用者的语音、语调等，同时发现并纠正自己的发音问题，提高听力理解能力。

②泛听。泛听（extensive listening）策略不需要学生完全听懂材料中的每一个词、每一句话，只需要整体把握所听内容的主旨大意即可。需要采用泛听策略的常见听力任务可以有以下两种形式。

第一种听力任务是“标题探索”。这种听力任务的主要目的是考查学生对听力材料大意的理解，具体包含以下几个步骤。

第一步，教师根据听力材料拟定几个主题，作为听力材料的备选标题。

第二步，教师介绍听的任务，使学生在听的时候能够将注意力集中在对所听内容大意的把握上。

第三步，教师播放录音或录像。

第四步，学生根据对所听内容大意的理解选择适当的标题。

第二种听力任务是“排序”。这种听力任务的主要目的是考查学生对材料内容中主要故事情节信息的掌握。一般这种听力材料多为记叙性的内容，具体包含以下几个步骤。

第一步，教师将听力材料中故事的主要情节顺序打乱。

第二步，教师介绍听的任务，要求学生注意事件发生的主要线索、顺序。

第三步，教师播放录音或录像。

第四步，学生根据所听内容将打乱顺序的情节重新排序。

第五步，反馈。

泛听策略的目的在于更多地接触语言现象，提高听觉的反应能力和对所听内容的整体理解能力，巩固和扩大精听的成果。泛听是一个连贯的过程，听者不需要将注意力过多地集中在对个别的生词、短语的理解上。

③寻听。寻听（scan listening）策略是为了寻找特定的信息而有针对性地听，能够减少听的负担，提高听的效率。

需要采用寻听策略的常见听力任务有“复式听写”，即教师在听力任务开始前，将材料的焦点、关键之处，或听力训练的技巧性部分去掉，学生需要在听的过程中将注意力集中在这些关键部分，根据所听内容补全信息，具体包含以下几个步骤。

第一步，教师根据听力材料的难易程度以及学生的英语听力水平，将听力材料的关键词或关键内容挖空。如下所示是一个申请表中的个人信息，学生要根据所听内容将申请表的信息补充完整。

APPLICATION

NAME:Ted ____________

ADDRESS: ____________

TELEPHONE:818–____________

WORK：____________

CREDIT CARD NUMBER: ____________

第二步，教师将挖空的材料分发给每个同学，介绍听力任务。

第三步，教师播放录音或录像。

第四步，学生根据所听内容补充信息。

第五步，反馈。

在运用寻听策略时，可以根据任务的难度，适当增加听力材料的播放次数。

④略听。略听（skim listening）策略是在听的过程中将注意力集中在篇章的题目、首句和尾句以及关键词上，对听力材料中的细节内容不必过分关注。需要采用略听策略的听力任务可以是“听与画”。

这种听力任务多适用于描写性的听力材料。学生用简单的图画形式将所听到的内容表示出来。教师还可以对一幅画进行文字描述，然后表达给学生，进行听与画练习。具体包含以下几个步骤。

第一步，教师选择题材、难度与学生的现有听力水平相近的听力材料。

第二步，教师播放录音或朗读，也可由学生朗读。

第三步，学生在听的同时完成绘画。

第四步，学生间相互比较、对照所画的图画。

第五步，教师展示正确的图画。

⑤预测。预测也是听力测试中的重要策略。听力播放之前和听力过程中都可以进行预测。

在听力播放之前，学生可以根据已有的听力材料或者关于听力任务的要求进行预测。

在听力过程中，学生可以根据已经播放的材料进行预测，即根据上面听到的内容来预测下面将要说的内容。

二、跨文化大学英语口语教学

当今社会是国际化的社会，大学生不仅要具有阅读和翻译能力，更重要的是要有熟练的交际和会话能力。因此，提高大学生的跨文化交际能力理应成为当前大学英语教学新的目标和关注点。文化形态的差异性反映到语言层面上，则表现为语言差异。但是，在当前中国的高等教育中，普遍存在的一种现象就是大学英语教育注重语言形式，忽略语言功能。大学中的口语课程受到教材、教学设备、口语教师本身的能力等诸多因素的影响，并没有起到应有的作用。针对这种现象，大学英语口语教学很有必要进行改革。下面就在分析文化对大学英语口语教学的影响，以及大学英语口语教学的现状、目标与方法的基础上，对跨文化大学英语口语教学进行研究。

（一）文化对大学英语口语教学的影响

不同文化背景的人们在进行交往时，往往会无意识地用本民族的文化准则、社会规范、风俗习惯等来判断和理解别人的语言行为，从而造成语用失误，有时还会造成文化误解，甚至引起文化冲突。这也是为什么文化差异会对跨文化交际造成诸多障碍。

随着中国现代化进程的加快，社会发展对大学生的英语水平提出了更高的要求。仅仅具有丰富的语言知识已经远远不能满足国内外形势飞速发展的需要。跨文化交际能力特别是跨文化口语交际能力成为新时代高素质人才的重要衡量标准。但是，目前我国大学毕业生的英语交际能力并不十分理想，可这并不是说我国大学生的英语专业能力不高。当前外语界常常将交际能力分为两方面：一方面是“语言能力”，即语言形式正确，并且符合语法规则的能力；另一方面是“语用能力”，即在具体的语言交际环境中得体地使用语言的能力。

经过多年的英语学习，我国大学生实际上都具备了语言能力，他们真正缺少的是语用能力。而造成这种现象的原因主要是在跨文化交际中对跨文化知识了解得不充分。因此，为提高大学生的语用能力，使他们能够在跨文化交际中得体、地道地使用英语，就要将文化教学与口语教学紧密地结合起来，在文化对比中深刻感知文化间的差异，领会英语与汉语不同的使用特点，避免出现语用失误，提高跨文化交际能力。

（二）大学英语口语教学的现状

纵观当前我国大学英语口语教学实践的发展，其在取得一定成效的同时也存在很多问题。例如，口语课堂教学模式仍以带读、句型操练、回答问题等为主。教学内容中也极少涉及或基本不涉及文化内容等。这些问题的存在会导致学生对目标语文化知识的严重匮乏，阻碍了中国学生同世界人民的交流，不利于社会的进步和时代的发展。下面就对大学英语口语教学的现状进行具体分析。

1. 教学观念滞后

落后的教学观念是阻碍大学英语口语教学效果提高的重要因素之一。在教学材料的选择上，有些教师为了完成教学任务，依旧选用那些过时的、陈旧的、缺乏真实性和新鲜感的话题材料。这丝毫不利于提高学生进行口语交际的兴趣。

在教学内容的安排上，教师花费大量时间用于解释教材内容以及表达该内容的语言难点，很少为学生创设真实的语言环境进行口语练习。口语教学课程变成了讲授语言知识的课程。

在语言技能的培养上，教师只安排很少的时间用于学生间的对话练习或进行小组表演，没有将听、说技能的训练结合起来。此外，有些学校的口语课还存在松散无序的情况。

2. 口语学习不被重视

虽然大多数学校都开设了口语教学课程，但是从当前大学英语口语教学的现状来看，学生普遍不重视口语的学习和口语技能的培养。试分析原因，可能有以下几点。

（1）传统应试教育的影响。在传统应试教育模式下，考试的成绩是评定学生语言能力的标准。即使近些年来，有些英语考试中增加了口语测试一项，但其影响的规模和范围还是十分有限的。大学生为了通过全国大学英语四、六级考试，大多数都在背诵词汇，熟记语法，口语的学习被摆在了次要位置。

（2）中国传统观念的影响。与热情、开放的西方人相比，中国人则含蓄、内敛得多。中国人历来讲求谦虚、低调、不张扬、不出风头，因此，在很多情况下，学生在口语教学课堂中不愿积极主动地发言，也不会主动与外教进行沟通。

（3）学生有不同的个性特点。一般来说，活泼、开朗、外向的学生更乐于积极地参与课堂中的口语交流活动，因此他们的口语表达能力会更出色。而一些性格内向的学生则对参与交流活动表现出较少的积极性，因此练习和实践的机会大大减少，口语交际能力得不到很大的提升。

3. 学生口语水平相差较大

除了因性格特点导致口语水平存在差异，还有一些因素影响着学生们的口语水平，如地域因素、性别因素、文理科因素等。所有这些因素造成的口语水平差异给大班口语课堂教学和课外活动的开展带来了一定的困难。由于学生的口语水平参差不齐，教师只能以大部分学生的口语水平为依据，采取“适中”的教学方法，导致无法做到“因材施教”。这就使那些口语水平较低的学生很难融入课堂活动中，时间久了就会产生自卑和厌烦心理。而对于那些口语水平较高的学生来说，毫无挑战的教学任务终会使他们产生懈怠心理，导致语言运用能力无法得到进一步提高。

（三）大学英语口语教学的目标

口语会话能力是跨文化交际能力的重要组成部分。在大学英语口语教学的目标和要求中，包含以下几个方面。

《大学英语课程教学要求》对大学阶段英语口语教学提出了三个层次的

要求，即一般要求、较高要求、更高要求。

1. 一般要求

（1）能在学习过程中用英语交流，并能就某一主题进行讨论

（2）能就日常话题用英语进行交谈。

（3）能经准备后就所熟悉的话题做简短发言，表达比较清楚，语音、语调基本正确。

（4）能在交谈中使用基本的会话策略。

2. 较高要求

（1）能用英语就一般性话题进行比较流利的会话。

（2）能基本表达个人意见、情感、观点等。

（3）能基本陈述事实、理由和描述事件，表达清楚，语音、语调基本正确。

3. 更高要求

（1）能较为流利、准确地就一般或专业性话题进行对话或讨论。

（2）能用简练的语言概括篇幅较长、有一定语言难度的文本或讲话。

（3）能在国际会议和专业交流中宣读论文并参加讨论。

（四）跨文化视角下大学英语口语教学的方法

通过对当前大学英语口语教学现状的分析，可以发现转变英语口语教学模式、改变教学方法的重要性。在跨文化交际浪潮的大背景下，教学方法要根据口语教学的实际情况灵活选用，才能提升学生的口语表达能力。

1. 语境教学法

（1）语境教学法的内涵。语境教学法的指导思想是语境理论，教师在语境理论的指导下进行备课和口语教学实践工作，并使学生掌握运用语境知识进行口语学习的方法。语境教学法始终以培养学生语言应用能力为大学口语教学的原则。与情景教学法相比，语境教学法有其自身的特点。

第一，语境教学法追求的是“语境”的作用，要求学生在真实的言语环境而不是人为优化的场景中，进行言语交际。因此，它又可以分为上下文教学

法、虚拟语境教学法、社会文化语境教学法、情景语境教学法等。而情景教学法则追求的是"启示""诱发"的作用，倡导在人为创设优化的、形象的、富有教育内涵的、充满乐趣的环境中启发学生的思维，强化其内心感受，诱发其主体性和能动性，以学生的发展为出发点和落脚点，进行渗透性教育。因此，情景教学常用的方法有实物演示、表演体会、生活展示、情景再现等。

需要注意的是，语境教学法与情景教学法并不是完全不同的，二者存在一定的联系。它们都意识到环境在外语教学中的重要作用。因此，可以说，语境教学是在情景教学的基础上发展而来的。

第二，语境教学法的教学目标更加侧重言语交际能力的培养。但是，产生于20世纪20年代的情景教学法则更加注重语言结构的学习和口语能力的培养。这可以算是语境教学法与情景教学法的主要差别。二者的主要联系在于，情景教学中的"情景"也可以称为"情境"。因此，从某种意义上来看，语境教学包含情景教学。

（2）语境教学法的特点。经过大量英语口语教学实践的证明，语境教学法本身具有许多相对稳定的特征。分析语境教学法的特征，对于理解其含义，掌握其运用方法，更好地指导英语口语教学实践有重要的意义。

①真实性。真实性是语境教学法最基本的特征。这与其所倡导的"真实的语言环境"是相互联系的。

首先，语境教学法要求在真实的课堂交际活动中开展口语教学，其教学目的是培养学生真实的言语交际能力。

其次，语境教学法中口语教学的内容具有真实性，是在了解学生本身口语学习的特点和需求的基础上设定并呈现的。

再次，学生作为口语教学实践的主体，他们自身的知识水平、表达能力、性格特点、学习要求和学习方式等都是一种真实的存在。

最后，语境教学是在特定的社会文化背景下进行的，无论是口语教学实践中的具体教学情景，还是根据教学内容人为创设的虚拟语境都要具有真实性。

②制约性。语境教学法的制约性体现在两个方面：一是微观方面，二是

宏观方面。在微观方面，情景语境或多或少地对各种具体教学活动的实施和开展具有制约作用。在宏观方面，社会文化语境，如政治、经济、文化、心理、价值观、道德观等，都对语境教学的各个方面起着制约作用。因此，微观与宏观两个方面都对英语口语教学实践的成功有着重要的影响。

③动态性。语境教学法的动态性主要与口语教学实践中临时性的语境因素有关。具体来说，口语教学的课堂语境总是变化的，课堂口语交际活动的展开过程中总会出现一些突发性的因素，如学生在言语交际活动中不能正确地表达思想或者无法理解教师的讲解等。这时就要转变教学方法，重新组织教学活动，并且调整课堂交际目标和教学目标。教师与学生都要根据语境因素的变化适时调整自己的言行，以保证语境下的英语口语教学顺利开展。

④生发性。在语境下的英语口语教学课堂中，教师和学生都是交际活动的主体，具有主动性和创造性。因此，如果能够较好地利用语境因素，特别是利用交际环境和言语知识的有机联系，就能够突破情景语境和社会文化语境的制约，通过交际环境解释和联想功能，使理解和表达更加准确、深刻。

（3）语境教学法在大学英语口语教学中的应用方法。在大学英语口语教学中应用语境教学法，实际上就是发挥语言语境、情景语境和文化语境的作用，此外还要明确交际意图。在口语教学实践中应用这四点，就可以有效提高学生的口语会话能力。

①熟悉语言环境。口语教学的语言环境中包含语音、词汇、语法和背景知识等多种因素。语言语境可以分为语音语境、短语语境和句子语境。因此，其对帮助学生确定词、短语或句子在文本中的含义有很大的作用。学生在多次的言语交际活动中，辨析语音、理解词汇和语法结构、组织语言、表达思想时，实际就是在运用语言语境促进英语口语能力的提高。

为了熟悉语言环境，教师可以尝试以下方法。

首先，用一到两节课的课时向学生讲解在口语交际活动中需要注意的内容，目的是减轻学生的思想负担，轻松练习口语会话。

其次，开展课前演讲活动。演讲活动的具体内容和形式应该是多种多样的，教师可以拟定一个题目或创设一个情景，学生也可以自主选择情景语境。

再次，请学生对演讲活动进行评价。评价的内容可以是演讲活动的各个方面，如演讲者的语音、语速、语调、体态语等。这一环节的目的在于检验口语教学的效果，发现并提出学生口语表达的不当之处，帮助其改正。

最后，教师总结。采用多鼓励、多表扬的原则，态度和蔼，委婉批评。

②建构情景语境。语场、语旨和语式是情景语境建构中最主要的三个方面。在口语教学实践中，对这三个方面进行重点分析，能够有效提高学生的理解、推测和判断能力。

建构情景语境时，教师首先要介绍与当前教学任务相关的信息，如主题、参与者和传输媒介等信息。这样，学生才能够在任务开始前，对与主题相关的词汇和语法特征以及上下文进行预测和模糊的推断。

以“听一段眼科医生与患者的对话录音，然后进行口语练习”为例。在播放录音之前，学生会预测、推断与对话内容相关的主题，如治疗眼睛，因此头脑中就会浮现出与“治疗眼睛”相关的词汇和表达，这样一来就降低了听力理解和口语表达的难度。

但需要注意的是，每一个抽象的语境都含有无数的变量，因此仅根据有限的语境来进行听力教学是远远不够的。具体来说，从语场的角度，教师布置的口语任务可能会保持参与者和交流媒介的关系不变，而是改变话题从“治疗眼睛”到“有效保护眼睛”的方法。从语旨的角度，教师可以保持语场不变，而是改变参与者，改变医生和病人的角色。从语式的角度，语场与语旨都保持不变，而是将口语练习改为写作练习。

③学习文化语境。实际上，跨文化交流最主要的障碍就是缺少对目的语文化内涵的理解。

因此，没有足够的文化背景知识，就无法从根本上提高学生的口语交际能力。教师要充分重视文化差异因素对英语口语教学的影响，培养学生的文化意识，在文化语境中开展口语交际活动。例如，举行英语演讲、表演英文话剧、观看英文电影等。

④界定交际意图。把握口语会话的交际意图能够有效地提高交际能力。以张德禄为代表的一些语言学家将交际意图分为两种类型：明确的意图和不明

确的意图。

口语交际中的言语本身所表达出的含义是明确的意图。

不能通过言语本身，而要根据语境进行判断的含义是不明确的意图，其又有文化语境和情景语境之分。

在口语教学中，不明确的交际意图需要教师进一步解释。教师可以创造更加生动的语境，或者鼓励学生根据文化语境和情景语境去体会和把握。这一过程有助于提高学生表达“言外之意”的能力。

（4）语境教学法在大学英语口语教学中的应用原则。运用语境教学法进行大学英语口语教学，除了要遵循口语教学的一般原则，还要结合语境因素，有明确的交际目标，加强合作，创设得体的语境。

①目标原则。英语口语教学要有明确的教学目标，同样，课堂中任何一个口语交际活动也要有明确的交际意图和交际目的。将交际目标进行细化，便形成了多个小的交际意图。同时，交际目的和交际意图的制定还要以学生的学习需要为基础，努力将口语交际活动的目标变为学生的学习需要。

②合作原则。相互合作是成功交际的基础，交际双方都遵循一些共同的原则，交际才能顺利进行。因此，口语教学实践中也要遵循合作原则，主要体现在以下三个方面。

第一，体现在语境中教师话语的数量上。在语境教学法中，教师话语内容的详尽程度和所包含信息量的多少，将直接影响语境教学的效果。一方面，教师要清晰明确地教授关于创设语境和交际任务的必要知识。另一方面，还要注意话语的数量，其包含的信息量要适度，给学生留下思考和探索的空间。

第二，体现在语境中的教师话语的质量和话语关联性上。话语的质量主要指交际双方话语的真实性。在特定语境下的口语交际中，无论是师生之间还是生生之间，都要言之有物，不能泛泛而谈。话语的关联性是指交际活动与特定语境的相关性。在特定语境范围内进行交际活动，才能保证交际的有效性，提高学生口语交际水平。

第三，体现在语境教学法使用过程中的话语方式上。过度地灌输言语知识并不能有效地提高学生口语交际能力。语境中真实的口语交际才能对提高学生的口语水平起到促进作用。

③得体原则。创设得体的语境是口语交际活动顺利开展和进行的基础。得体原则主要体现在以下四个方面。

第一，语境的创设要以社会现实生活为基础，同时符合学生的个性特点。以现实生活为基础便于学生对语境的理解和接受。此外，学生在与自身知识水平、生活背景、个人经历和年龄等相符合的语境中能更有效地进行口语互动学习。

第二，语境教学要符合语言规律和教学规律。教师在口语教学中要以教学大纲、教学目标为依据，在遵循英语的语言规律和口语教学实践的客观规律基础上，进行语境的设置，不能缩手缩脚，也不能画蛇添足。

第三，语境的设置要具有趣味性。精彩有趣的语境在英语口语教学实践中发挥着很重要的作用。不仅能够吸引学生的注意力，激发其参与表达和交流的积极性，还能使其产生强烈的求知欲望。从而在和谐幽默的教学氛围中，缓解紧张的情绪，消除师生间的隔阂，摆脱交际的困境。

第四，语境教学本身具有灵活性。教学本身就是一个动态的过程，任何教学方法都没有一成不变的模式，都是在实际教学过程中，具体问题具体分析，不断进行适当的调整和修改。

（5）语境教学法在大学英语口语教学中的操作步骤。在大学英语口语教学中应用语境教学法，主要有以下五个步骤。

第一步，选定某一口语交际的话题，并为学生播放与此话题相关的目的语国家文化的视频。例如，服饰文化、社交文化、宗教文化等。

第二步，对比分析与交际主题相关的目的语国家文化与中国文化，引导学生发现二者的异同点。

第三步，教师对学生的发言做总结并扩展相关文化知识。

第四步，围绕话题，创造接近真实的语境，学生分别扮演情景下的不同角色，进行口语练习。

第五步，教师主要围绕语用和有效的交流两个方面对学生的表演等口语练习活动做评论。

2. 探究教学法

（1）探究教学法的内涵。探究教学法的形成与现代教育手段与媒介的发展有很大的关系。这一教学方法的核心就是“探究”，因此其与传统的口语教学模式存在很大的不同。

探究教学法更能体现出语言学科的特点。简单地说，大学英语口语教学中的探究教学法就是指大学英语教师利用现代教育手段与媒介，综合多种教学资源，以学生为中心，以教师为主导，通过以学生的自主学习、自我探索和自我研究为主的方式完成语言知识和口语技能习得的教学方法。

（2）探究教学法的过程。探究教学下的大学英语口语教学一般包括五个步骤：确立探究问题、收集数据、分析解释、讨论交流以及展示评价反思。

①确立探究问题。确立探究问题是探究教学法的第一步。旧问题解决后，有时会产生新的问题，因此探究教学是一个循环往复的过程。口语教学实践中会产生多种问题，但是探究问题的选择和确立需要考虑多方面的因素。一方面，有些问题产生的原因很简单，容易解决，因此不必探究。另一方面，有些问题用其他方法讲解会更加浅显易懂，因此适用于探究教学法。所以，教师在确立探究问题时要进行深入的分析和精心的选择，以下几个方面值得考虑。

首先，务必要考虑到课程内容和先前教学中的知识积累。探究问题要在整个教学知识结构中起到承上启下的作用。此外，问题的深度与广度的选择还要符合维果茨基的最近发展区原则，即通过自我探究和教师的指导能够解决问题。

其次，要考虑问题的创设情景。以教材内容为基础，创设出能够自然导出问题的情景。

最后，要考虑学生的学习兴趣与学习动机，用更加新颖的方式提出问题。

②收集数据。大学英语口语教学探究教学法中数据的收集指的是与语言有关的语料，以及与文化、语言使用有关的艺术与策略的材料的收集。

这一环节的实施需要教师严格的监控，并给予学生关于收集内容、方向与来源方面的指导和建议。这样才能起到事半功倍的效果，否则就会白白浪费时间和精力。

③分析解释。分析解释是探究教学法的第三个步骤，这一环节对下一环节的讨论交流有重要的影响。

对收集的数据进行分析，主要围绕语义和语用两个方面进行思考，对特定的交际情景和交际目的中所涉及的词汇、语法、句式、文化、交际策略等方面的因素在交际中的功能做出解释和总结。

④讨论交流。讨论交流贯穿大学英语口语教学的始终，体现在课内与课外的各种交际活动中。在探究教学法中，学生完成课外探究之后，结合所得在课堂上与同学就教师所给的探究材料进行有目的的交流讨论。同时，做好记录。

⑤展示评价反思。展示评价反思是探究教学法的最后一个环节，也是不容忽视的一个环节。这一环节需要注意两个方面，一是学生的展示行为是否规范，二是教师的点评内容与评价方式是否得当。

（3）探究教学法的特点。

①开放性。开放性是大学英语口语教学中探究教学法的显著特点之一，主要体现在教学内容、教学组织形式和教学管理三个方面。

首先，在教学内容上，探究教学的内容以教材为基础，但并不受教材的制约与束缚，其涉及的内容要比教材内容广泛得多。这是因为，探究教学往往针对某一主题进行深层次的考究，无形之中就会涉及多领域、多学科的内容。

其次，在教学组织形式上，探究教学常常在学生与学生之间或学生与教师之间的交流、协商、讨论中展开，这种教学活动的组织形式与传统的教学方法相比，具有明显的开放性。

最后，在教学管理上，探究教学以学生的自主探究为主要的学习方式，教师起到了监督与指导的作用。

②合作探究性。合作探究性可以看作探究教学法的另一个显著特征，这与其本身的教学模式有很大的关系。真正意义上的大学英语口语探究教学主要依靠学生的自主探究来完成知识的学习和技能的掌握，但是仅依靠个人能力是无法实现的，还需要教师的监督与指导和同伴间的合作学习。此外，每位学生

的学习技巧、学习方法、学习能力等都是存在差异的，但同时也是可以进行互补的，因此要拓宽探究内容的广度与深度，就必须加强合作、增进互补性。

③实践性。大学英语口语探究教学的实践性是由大学英语教学的目标决定的。当今社会对英语人才提出了更高的要求，不仅要具备扎实的语言知识和技能，还要具备熟练的英语运用能力。探究教学为学生提供了充足的思考和使用英语的语言实践机会。

3. 多媒体教学法

多媒体技术应用于大学英语口语教学也是适应跨文化交际发展的需要。在口语教学课堂中，真实的目的语交际环境是十分重要的。多媒体技术集语言、画面、声音三大媒介于一体，使学生能够在声影交错、言景结合中，轻松地融入英语语言情景中。此外，有效采用多媒体技术开展英语口语教学，还能为学生学习英语口语提供大量语言信息，在各种语言交际活动中提升自己的口语表达能力和得体的语言交际能力。

在多媒体教学技术中，慕课教学作为一种在线教学的新形式近年来得到了较快的发展，应用范围也越来越广泛。所谓慕课，即大型开放式网络课程（massive open online courses，MOOC），它并不是网络资源的简单堆砌，而是以主题的方式对教学资源进行的科学呈现。慕课教学应用于英语口语教学中主要有以下几种形式。

（1）仿真对话教学。学生与慕课视频教学中的外国交流者或专业的英语教师模拟现实情景，进行英语口语对话训练。

（2）提供口语练习平台。慕课平台中的海量资源具有多样化、更新快的特点，学生不仅可以进行口语学习，还能丰富知识、开阔眼界、拓展思维。

（3）展开板块学习方式。为满足不同学生的口语学习需求，慕课教学将口语学习切分为多个板块，如基本日常用语板块、服务英语学习板块、询问口语学习板块、专业英语学习板块等。为提高口语训练的针对性与实效性，这些板块还可以进一步分化。例如，专业英语学习板块就可进一步划分为旅游专业英语口语训练板块、企业管理英语口语板块等。

综上所述，文化的多样性深刻影响着学生的英语听力理解和口语表达，更直接关系到听与说的效果。因此，教师必须把握时代的发展趋势，在教育部制定的教学大纲的指导下，以培养和提高学生的跨文化交际能力为目的开展听力与口语教学工作。这也是大学英语听力和口语教学的意义所在。

第三节　跨文化大学英语读写译教学

阅读、写作和翻译是三种重要的综合英语技能，因此阅读教学、写作教学和翻译教学成为英语教学中的重点和难点。同时，阅读、写作和翻译还是书面语的组成要素，同样受到跨文化的影响。这就使如今的大学英语教学必须与时代同步，结合跨文化的相关内容。

一、跨文化大学英语阅读教学

在任何时候、任何地方，阅读都是人们获取信息的主要途径，它的重要地位不可忽视。不但如此，阅读还是提升自我素养的一个渠道。与汉语阅读不同，英语阅读还受到跨文化的影响。在跨文化视角下，大学英语阅读教学的情形较以前又有了新的内容，因此大学英语阅读教学不仅非常重要，还较难把握。

（一）文化作用于大学英语阅读

因为有多种因素作用于英语阅读，所以英语阅读的效果是一个动态的、复杂的变量。英语词汇量、阅读习惯、语法知识、文化知识等都会对英语阅读造成影响。这些因素也是动态变化的，英语学习者可以通过努力学习让这些因素正面发展。在此，重点探索文化对于英语阅读的作用。文化主要是从语言和文化背景两方面作用于英语阅读。

1. 语言文化作用于大学英语阅读

（1）词汇作用于大学英语阅读。英语语言意义的最小单位是词汇，它同时也是语言文化的一个元素。英语和汉语的对等是有限的，有一部分英语词汇能够在汉语里找到对应的词语。然而需要强调的是，词汇的意义还是语境中的意义，需要在特定的语境中去理解词汇的意义。相同的词汇在不同的语境中，可能具有完全不同的意义。词汇具有三种意义：概念意义、搭配意义和内涵意义。

①概念意义。在词汇的意义中，概念意义处于核心位置。因此，它在语言交际中的地位也非常关键，对概念意义的误解会引起跨文化交际冲突。例如，“drugstore”在汉语中只是代表“药店”；在英语文化里指销售药物、零食、饮料等多种商品的商店。

不同的国家具有不同的文化，因此具有不同的亲属关系的理解方式，并且给予不同的定义和标记。亲属称谓的不等值就是对此最直接的反映。汉语亲属称谓遵照二分旁系型原则，不仅将直系与旁系进行严格区分，而且在旁系内部也做区分。英语文化里的亲属称谓遵照直系型原则，它只是将直系与旁系进行辨别，在旁系内不再进行区分。例如，在汉语文化里，母亲的兄弟称为“舅父”，母亲姐妹的丈夫称为“姨父”，父亲的哥哥称为“伯父”，父亲的弟弟称为“叔父”。这些称谓在英语中只需要一个词就可以表示，那就是“uncle”，它统指父亲、母亲的兄弟以及父母亲姐妹的丈夫。中国对亲属关系的严格区分还来源于封建文化，因为封建文化中的等级观念要求按照规定来称呼对方。

②搭配意义。词汇和词汇之间发生着组合关系，这种组合关系就导致了搭配意义的产生。搭配意义是一种必须与别的意义结合在一起才能产生的意义。它是一种关联意义。例如，blackmail在英语文化中指的是“勒索行为”，而不是“黑色邮件”；“free love”在英语文化中指“未正式结婚的自由同居”，而不是指“自由恋爱”。

再看其他一些例子：

健壮如牛——as strong as a horse

精力充沛——full of beans

雨后春笋——spring up like mushrooms

挥金如土——spend money like water

③内涵意义。内涵意义将客观事物的本质和时代特征揭示出来，是一种超出概念意义的关联意义，表示词汇概念意义的属性。例如，magpie在英语文化中指代“偷吃粮食的鸟”，这个动物显然是令人讨厌的，所以它是一个贬义词；而这个词在汉语文化中表示“喜鹊”，喜鹊在中国文化中却代表着“吉祥、幸运”，在欢度春节时，中国人常用喜鹊报春的画面或对联来创设喜庆的气氛。

英语和汉语的对等不是绝对的。那就意味着，英语和汉语中的词汇并非时刻对等，有的英语词汇无法在汉语里找到相对应的词语，这就是所谓的“文化空缺”现象。这个现象也会给英语阅读带来一些障碍。例如，to play by ear在英语里是指“见机行事”，而在汉语里是表示“用耳朵玩”；individualism在西方文化中是指实现个人利益、个人目标和个人潜力，但是在汉语里被解读为“个人主义”；汉语中的“关系”可以指某一具体的人，如“他有海外关系”，英语中的relation表示抽象概念。“文化空缺”现象是英语阅读应该关注的对象，因为它很容易导致理解上的偏差。

（2）句子作用于大学英语阅读。因为词汇是句子的基本成分，词汇携带着文化基因，所以句子也有着文化的影子。汉语句子和英语句子在范畴、结构、词序等方面均具有较大的差异。汉语语言属于汉藏语系，英语语言归属为印欧语系的范畴；汉语语言重视意合，英语语言重视形合。汉语的句子结构比较灵活，按照主题来排列。汉语句子没有形式和时态的变化，以及明显的词类标记，所以对语义的判断需要依靠语境。英语句子中的主语和谓语是主轴线，提挈全句，而宾语、补语、定语及状语则是句子的支干，关联词连接着主轴线和支干。动词的形式和时态直接反映着句子主要的结构信息、功能信息和语义信息。在进行英汉翻译时，需要适时地调整句子的语序。例如：

May I propose a toast to the health of Mr. President and his wife，to the development of trade,to the friendship between our two peoples.（请允许我提议，为总统先生和夫人的健康，为我们的经济贸易的发展，为我们两国人民的友谊干杯！）

（3）语篇作用于大学英语阅读。篇章是由句子构成的，英语篇章和汉语篇章也存在着文化差异。篇章的结构取决于语言的逻辑建构方式，而后者受到整个民族的思维模式的影响，思维模式是长期浸润在特定的文化环境中形成的。中国人受螺旋式思维方式的影响，在口语或书面语中，总是先交代背景，再陈述主题，最后给出结论。西方人受直线式思维方式的影响，在口语或书面语中，通常直奔主题，主题句和主题段都在开头，用衔接手段将句子和段落联系起来，并且通过事实和数据来证明自己的观点。篇章的主旨受到文化的制约，是因为作者的态度受到文化的制约。

2. 文化背景作用于大学英语阅读

文化背景知识可以包括阅读中的显性知识，还可以包括阅读中的隐性知识，也可以包括阅读中的语境知识。缺乏必要的文化背景知识，对阅读理解有着极大的障碍，导致学生很难理解阅读材料，甚至可能产生巨大的误解。以下从社会文化、历史文化和地理文化说明文化背景如何作用于大学英语阅读。

（1）社会文化作用于大学英语阅读。社会文化是由群众创造的、具有民族特征的、对社会群体发挥作用的文化现象。社会现实中的一切文化现象都有其历史根源，这些文化最终会对英语阅读理解有较大影响。如果不了解社会文化，便无法进行深层次的英语阅读。与社会文化知识相关的词汇容易使读者产生困惑。例如：

The United States has set up a loneliness industry.

美国政府建立了一种为孤寡老人服务的社会服务项目。

由于美国社会中多数家庭的子女都不与父母同住，因而出现了大量无人照顾的孤寡老人，这就成为美国一种普遍的社会问题。为了解决这一问题，美国政府创办“loneliness industry”。因此，要理解上述例子，首先要了解文化背景知识。该例中的“loneliness industry”是指美国福利事业的一部分。

（2）历史文化作用于大学英语阅读。历史文化是指某个国家在演变发展过程中形成的一种体现民族特色的文化。历史文化的底蕴深厚，是长期积淀的结晶。在阅读英语材料时，学生也经常会因为不了解相关的历史文化而产生阅读障碍。例如：

At a science museum in Ontario Canada，you can feel your hair stand on end as harmless electricity passes through your body.

1825年，英国一个偷马贼被判处死刑，上绞刑架时，犯人由于极度恐惧而毛发竖立。因此，“one’s hair stand on end”喻指“恐惧”。

I’ve had the sword of Damocles hanging over me for months，and now I can finally relax.

古希腊有一个历史事件：公元前4世纪在西西里岛上的统治者狄奥尼修斯一世有个亲信叫达摩克利斯，他十分羡慕帝王的豪华生活。狄奥尼修斯为了教训这个人，在一次宴会上，要坐在国王的宝座上，当他猛然抬头，只见头顶上有一把用头发悬着的宝剑，随时都有刺到头顶的危险。后来，就用“the sword of Damocles”这一成语来比喻临头的危险或情况的危急。

不了解“the sword of Damocles”的历史文化含义，就不能理解上例的意义，这是本句理解的难点。了解了这一历史背景，本句的意思就十分明了：我已经提心吊胆了好几个月，现在终于可以放松了。

（3）地理文化作用于大学英语阅读。地理文化是在一定的自然条件、地理环境中所形成的文化。地理文化是区域性的，不同的国家自然具有不同的地理文化，尤其是地理差距较大的国家所形成的地理文化差别就非常明显。英语阅读理解中经常蕴含地理文化的因素。如果读者事先并不了解文本中蕴含的地理文化，那么在阅读过程中将会出现无法理解句子、篇章的现象。例如：

Shall I compare thee to a summer’s day？ Thou art more lovely and temperate（William Shakespeare:*Sonnet / 18*）

在中国的地理文化中，春夏秋冬四季分明，夏季通常气温较高，人们会感到身体上的不舒适，心情会变得非常烦闷。在英国的地理文化中，由于处于高纬度的地理环境，英国的夏季平均温度在20℃，并且夏日早上太阳4点升起，晚上10点左右才落下。因此，英国的夏季是非常舒适的，人和万物都生存在一片愉悦的环境中。

读者若能掌握这些地理文化知识，就可以很容易地理解该诗句的内涵。这一诗句来自莎士比亚十四行诗的第18首，诗中把恋人比作“a summer’s day”（夏日），如果不了解英国地理环境的读者就容易感到困惑。

（二）大学英语阅读教学的现状

提起阅读，大多数高校学生就会感到头疼，阅读一直是学生英语学习中令人犯难的一部分内容，因为阅读是英语语言的一项综合性技能。学生的阅读能力普遍比较薄弱，需要一定的词汇和语法知识作为基础。因此，阅读教学就变成了大学英语教学的重点难点。大学英语阅读教学的现状令人担忧。

1. 教师没有及时更新阅读教学理论

在不同的时代背景之下，阅读教学需要依据一定的教学理论和语言学理论。教师平时工作繁忙，教学和科研任务比较重，无暇顾及理论知识的更新。因此，阅读教学不能紧跟时代的节奏，已经变得不适应当下的跨文化交际背景。教师没有清晰地定位阅读能力，不知道阅读能力究竟涉及什么。部分教师认为，阅读速度快的学生就具有较强的阅读能力。虽然阅读速度在一定程度上反映了阅读能力，但它终究不是阅读能力的唯一体现。任何考试都是有时间限制的，阅读速度太慢可能连基本的阅读任务都无法完成；而阅读速度太快，可能就导致对文章理解片面，即使完成了阅读任务，结果也是不合格的。要想阅读速度有一定提升，学生必须要掌握一些阅读策略和技巧。

有些教师在阅读教学中，过分强调学生阅读速度的提升。阅读速度还与学生的行为风格有关，有的学生属于快速型，有的学生属于精细型。因此，有些学生虽然阅读速度较快，但他们可能根本没有厘清文章的段落大意和逻辑框架，阅读理解的正确率偏低。有些学生虽然阅读速度较慢，但是对文章的理解更加全面、准确，所以他们的阅读正确率相对较高。还有一些英语教师将阅读教学演变成了词汇教学、语法教学等，教师在阅读教学中常常比较注重讲解阅读材料中涉及的英语知识，如生词、短语、固定搭配和句型等，忽视了学生对理解语篇信息、整合信息的能力。

2. 网络给阅读带来重创

由于跨文化交际的日益频繁，英语人才的需求量不断增多，因此多媒体教学的出现是时代的产物。基于构建主义的多媒体教学出现以后，快餐阅读取代了精读。丰富多彩的网络世界使学生的阅读时间受到了严重的挤压，学生难以再平静地阅读经典著作。

许多教师没有意识到信息浪潮对教育的冲击，没有接受新的挑战，没有重视教师角色，也没有培养良好的信息素养，不具备选择、加工信息的能力，因此没能利用现代技术优化大学英语课堂。教师也就无法对学生进行有效的引导，使其利用身边的各种教学资源特别是网络来获取所需要的信息或扩展自己的英语知识。许多学生能够熟练上网聊天、玩网络游戏，却意识不到网络也可以帮助其学习英语。

3. 高校的课程建构存在误区

有些高校没有设定清晰的阅读教学目标，没有统一计划阅读教学内容，因此在阅读教学的课时分配、师资力量分配等方面就会有一些不恰当的做法和决策。很多学校分配在精读教学上的课时远远超过泛读，这就错误地引导了教师对于阅读教学的态度。

因为阅读教材是阅读教学的依据，所以阅读教材质量的高低也影响阅读教学的效果。然而，一些高校不注意对阅读教材的挑选，对此投入的精力不够。

有些阅读教材的文化知识比较低，有些阅读教材涵盖的体裁有限，有些阅读教材的内容过于简单，有些阅读教材的语法结构较复杂。这样的阅读教材忽视了时代背景的要求，也没有很好地匹配学生阅读能力的发展。

（三）大学英语阅读教学的目标

1. 大学英语课程教学要求

《大学英语课程教学要求》对大学阶段的英语技能进行了一般要求、较高要求和更高要求三个层次的划分。

（1）一般要求。

①能基本读懂一般性题材的英文文章，阅读速度达到每分钟70词。

②在快速阅读篇幅较长、难度略低的材料时，阅读速度达到每分钟100词。

③能就阅读材料进行略读和寻读。

④能借助词典阅读本专业的英语教材和题材相关的英文报刊文章，掌握

中心大意，理解主要事实和有关细节。

⑤能读懂工作、生活中常见的应用文体的材料。能在阅读中使用有效的阅读方法。

（2）较高要求。

①能基本读懂英语国家大众性报刊上一般性题材的文章，阅读速度为每分钟70～90词。

②在快速阅读篇幅较长、难度适中的材料时，阅读速度达到每分钟120词。

③能阅读所学专业的综述性文献，并能正确理解中心大意，抓住主要事实和有关细节。

（3）更高要求。

①能读懂有一定难度的文章，理解其主旨大意及细节。

②能阅读国外英语报刊上的文章。

③能比较顺利地阅读所学专业的英语文献和资料。

以上目标和要求为我国的英语阅读教学提供了权威指导，但教师不能死板地按照以上要求开展教学，而应根据实际情况把握教学内容和教学进度，突出重点、详略得当、当快则快、当慢则慢，使教学活动始终围绕学生的实际状况展开，以保证最终的教学效果。

2. 目标的细化

阅读教学最终目标的实现，离不开日积月累的努力。教师可以将阅读教学的最终目标加以分解，得出如下小目标，只要实现了这些小目标，就能够达到最终的阅读目标。

（1）增强学生的阅读动力。兴趣是最好的老师，这句话几乎人人都赞同。就英语阅读教学来说，教师也要提高学生对阅读的兴趣，增强他们阅读的动力。兴趣是最大的推动力量，一个人只要有了兴趣，就会前进一大步。要想增强学生的阅读动力，教师必须注意以下两个事项。第一，教师要注意对阅读材料难度的把握。教师应该全面了解学生的阅读能力，并且据此选择难度合适的阅读材料。阅读材料太难，会让学生产生畏难情绪；阅读材料太简单，学生又觉得没有挑战性，因此无论是太难或者太简单的阅读材料都让学生无法全神贯注于阅读材料。教师应该采用一些强化方法，来增加学生的阅读信心，对阅读水平较低的学生给予鼓励和支持，使他们不要沮丧。另外，也给程度高的学生安排合理的课外阅读量，使他们不要产生膨胀和自大心理。第二，教师要了解学生的个性特征和生活动态，以此推测学生的兴趣点，选择学生感兴趣的阅读材料。阅读教材上的知识有限，教师应该注重课外阅读材料的选择，尤其要注意阅读材料的种类及其内容。只要是学生对阅读材料感兴趣，学生就有可能开展自主性学习行为。

（2）在学生阅读习惯的培养上下功夫。人们常说，习惯成自然。好的习惯不是一天养成的，坏的习惯也不是一天养成的。要打破一个好习惯不容易，要消除一个坏习惯同样不简单，不良习惯的消除需要时间的积累。如前所述，不良的阅读习惯在学生中普遍存在。无论是哪种不良的阅读习惯，都会造成阅读速度的下降，最终导致自己无法提高阅读能力。有的学生比较注重单词的理解，却忽视了意群或者整个句子的意义。学生应该根据词组、意群做短暂停留并理解整个句子的意义。学生在阅读时要保持头部不动，扩大视野的覆盖范围，增加眼睛所扫描的阅读内容，并对阅读内容进行积极理解。

（3）鼓励学生创建文化背景图式。阅读过程就是验证、否定或修改假设的不断重复的过程。在这一过程中，学生依赖背景知识建构新的意义。在阅读过程中，并不只是阅读材料才是有意义的，学生根据自己的背景知识对阅读材料进行预测和假设，从而建构新的意义也同样重要。

阅读模式不止一种，包括自下而上模式、自上而下模式以及交互模式，无论是什么样的阅读模式都离不开文化背景知识的支撑作用。因此，教师应该激活学生的背景知识，帮助学生创建文化背景图式。学生对某些阅读材料有文化背景知识，这时只需要激活并提取就可以；如果学生对于某些阅读材料没有背景知识，就谈不上激活了，教师应该帮助学生积极创建文化背景知识图式，然后进行激活。下面举个简单的例子进行说明。有些学生可能不清楚艾滋病的传播途径，他们会认为握手、献血或在公共游泳池里游泳都会感染上艾滋病，这就是他们的图式。在阅读的开端，他们是按照这样的图示预测阅读材料的。随着阅读过程的推进，他们又会修改这种预测，他们的图式也会随着对阅读材料的理解而被修改。在阅读结束时，学生会正确理解艾滋病的传播途径，他们的图式就得到了建构。

（4）引导学生重视词汇量和词汇意义。语言知识与阅读技能有着莫大的关系，其中，语言知识中的词汇对阅读的作用尤其关键。学生的阅读速度和效果在很大程度上取决于词汇量，一个阅读能力强的学生一定拥有丰富的词汇量和较高的词汇认知技能。在词汇量不是很充足的情况下，学生要学会如何猜测词义。对于一篇外文的阅读材料而言，学生的词汇量再大都不为过。具体来讲，学生要根据语篇提供的上下文、词法和句法等理性推测陌生词汇的意义。当然，猜测词义不是随心所欲的，而是要注意一定的技巧。学生可以运用逻辑推理和生活经验、普通常识等猜测同义，还可以通过上下文推测词义，如同义词、反义词、举例或定义等，也可以按照生词本身的结构推测词义，如派生法、合成法等。教师应该引导学生采取科学的方法记忆词汇，使学生最后达到事半功倍的效果。形象记忆法、联想记忆法等都是可以选择的不错的记忆方法。科学的记忆方法，就是符合记忆规律的方法。词汇量和阅读量是相辅相成、相互促进的关系。学生只有在词汇量充足的基础上，才能扩大阅读量，而阅读量的扩大又反过来促进词汇量的扩大，二者是相辅相成的关系。另外，扩大阅读量还能够巩固语法知识，培养语感。但是，教师要注意选择题材广泛、难度适宜、生词量适宜、词汇重现率高的阅读材料。

（四）跨文化视角下大学英语阅读教学的方法

1. 就文化主题展开讨论

教师可以将英语文化分为若干细小的主题，定时组织全班学生针对特定的文化主题进行有秩序的讨论。既然是讨论，就不能流于形式，要保证所有学生都有效地参与，不能使一些学生受到冷落。因此，教师需要给予及时的监督、指导。经过讨论和头脑风暴，学生不断积累文化背景知识，就可以有效解决某些跨文化交际问题。不同的文化主题，学生把握和讨论的难度不同。教师首先要确定一个合适的可以引起学生兴趣的主题，另外还要在整个讨论过程中处于支配和控制地位。随着讨论的主题数量的增多，学生掌握的文化背景知识也相应地增多。因此，教师应该循序渐进地增加文化主题的难度。

文化讨论法还有其他作用，具体如下。

（1）渐渐增强学生获得更多文化背景知识的信心。只要学生认真思考、分析、得出结论，并在讨论中自由地表达自己的见解，都会体验到一种满足感，同时他们了解文化的信心也会增强。

（2）提高学生的团队合作能力。讨论活动不能缺少规则的约束，否则就会沦为闲谈。真正有效的实质性讨论建立在良好的讨论秩序的基础上，秩序是需要学生共同维护的，不仅如此，学生还要遵循既定的讨论规则。

（3）锻炼学生的逻辑思维。面对一个话题，学生只有认真分析、思考，才能得出有说服力的结论。面对同一个文化主题，学生会形成不同的观点、提出不同的结论。通过不同结论的比较，学生自然而然地就发展了自己的逻辑思维能力。

（4）发展学生的交际能力。在讨论中，语言表达是一个关键环节。讨论就是对话。只有将自己的思想用语言清晰地表达出来，对方才可以理解，进而给予适当的回应。思想在交际者之间来回传递，就是交际的过程。

2. 纠正学生不符合文化的言行

中国学生成长于中国文化中，母语文化造成了他们根深蒂固的文化思想。在母语学习的过程中，学生不仅获得了语言能力，还获得了社会文化能力。然而，他们也会出现无意识地用母语文化去理解其他文化中的现象，进而导致交际冲突。由于两种文化存在诸多差异，所以母语文化干扰会导致文化错误。当学生和某种文化交流，表现出不符合某种文化环境的语言或行为时，教师要予以纠正，这种不符合文化环境的言行也是不得体的。因为不注意语法，而在日常交际中出现的语法错误，是语言表层的错误，交际者能够理解和谅解。如果交际者的口语流利，但是存在一些不得体的语言或者行为，交际对方通常就会感到反感。因此，教师要对学生的文化错误进行认真分析并纠正。

3. 在比较中加深文化的印象

两种异质的事物只有在对比中，才可以清晰地展现出自己的特色。在阅读教学中，教师进行中西方文化对比，可以帮助学生加深对中西方文化的印象。教师在向学生讲解西方文化的同时，还要介绍学生所不知道的母语文化，培养学生的跨文化意识。只有将文化进行对比，才能了解在特定的文化中哪种语言和行为是合理的、哪种是不合理的。例如，英语中的farmer和peasant两个单词的字面意思虽然一样，但实质内涵却不同，因为二者在经济、文化地位上属于不同的阶层；汉语将这两个单词统一翻译为“农民”。再如，中国和西方的文化差异也表现在饮食上，中国人常常给客人夹菜，这是代表好客以及热情的态度；而西方人通常让客人随便吃，会对客人说“Help yourself”。中国人听到赞美的言辞时，通常会对此表示不同意，这是谦虚的表现；而西方人则会礼貌地表达谢意。这种文化对比是很鲜明的，只要具备这一知识，交际就会变得非常简单。

4. 通过文学艺术手段了解文化

当人们在物质世界中感到失落时，可以在文学艺术世界中得到精神的替代性满足。文学还可以帮助人们了解自然、社会、现实和人生，丰富人们的精神世界和生活经验。同时，文学和艺术都是文化的重要组成部分，文化的变化会体现在文学和艺术上面。文学艺术是作者在当时的时代背景和文化环境中创造的文化产品，是创作者和读者之间超越时间和空间的交流。文学艺术是人们了解文化的方式。

教师可以组织学生观看西方经典电影，或者欣赏英美文学经典著作。与此同时，精讲有助于欣赏文学的内容，激发学生的联想。学生不仅领略了精彩的文学艺术表现形式，还欣赏了激荡的故事情节，并且将文学欣赏和现实生活结合起来。

5. 引导学生以语块形式阅读

语块是语言中频繁出现的语言结构，由多个词组成。它的形式和意义比较固定、没什么变动，运用语境比较确定，在词汇和语法方面能够发挥一定的功能。语块具有三种特征：自主性，不同语块之间是相对独立的；稳定性，英语自然话语中有80%由各类板块结构组成，变化的灵活性相对较小；扩容性，语块具有相对完整的意义，不像单个词语那样孤立，已远远超出了词汇搭配的范围，扩大到句子甚至语篇的领域。语块理论认为，语块是英语的基本语言单位。

有些大学生感到，语法、词汇及阅读技巧的掌握并没有明显提高阅读效率。外语学习者永远无法达到和本族语者同样的水平，因为本族语者的语言知识表现为语块，而不是分析性的语法规则。语言学习者若缺少足够的语块，语言能力就会受到局限。在英语阅读教学中运用语块理论，就是既改善输入又提高输出，以语块形式阅读可以提高阅读速度。

一方面，语块把多个有关联的小组块变成一个大组块，扩大了短时记忆的容量，减少了信息加工的时间，最终提高了阅读速度。另一方面，在快速浏览标题、首尾段以及各段首句时，有意识地注意语篇中不同功能的语块，也可以提高阅读速度。先浏览全文对文章大意有一个大致的掌握，然后引导学生学习陌生语块以扫清障碍。学习陌生语块不仅是学习词汇本身，而且学习语法结构和与其语境相关的语用功能。以语块形式阅读的语言，就会以语块形式进行整体理解，因而提高了阅读速度。

二、跨文化大学英语写作教学

（一）文化作用于大学英语写作

语言表达是思维的象征，写作作为一种书面语言，体现了思维方式。文化的差异导致了思维方式的差异。英语文化和汉语文化在思维方式上存在明显的不同之处，因此学生在进行英语写作时不可以按照中文写作的思路。文化在以下几个方面作用于大学英语写作。

1. 主观与客观

儒教、道教和佛教是中国古老的历史文化元素，对中国人有着深远的影响，尤其是在思维方式方面的影响十分显著。一般来讲，中国人看待客观事物的方式是理性的、直接的，用具体形象的手段来表达抽象的事物。中国人有着深厚的人本主义思想，把主体当成世界的核心，尊重人的主体意识。这种思维方式不仅体现在汉字的构成上，而且表现在写作中，就是汉语常用主动句、人称句，以有生命的词开头并以口号式、主观性的语言结尾。西方人遵循从具体到一般的抽象思维方式，采用理性的方法去整理感性材料。这种思维方式体现在拼音文字或以音写义上，还体现在英语写作中。因此，英语写作习惯借助数据和事实证明自己的观点，英语写作常用被动句，多以无生命的词语开头，并且句子有着严密的结构和层次。

2. 保守与开拓

中华文化有着几千年的悠久历史，底蕴深厚。中庸和保守是典型的中国传统文化，所以中国人在进行汉语写作时常常借用古人的言论来证明自己的看法。在中国传统文化里，保守就是稳定和安全的，中国人因为历史轨迹的艰难曲折而对稳定和平有着特殊的向往，避免被贴上“标新立异”的标签。即使中国人获得了一个新观点，也会从历史中寻求精神依托。这种思维方式在写作中表现为中国人倾向于模仿写作套路并且引经据典。西方文化崇尚民主、自由、平等、创新，因此他们获得了批判性、求异性的思维，并且敢于对前辈的观点进行质疑和创新。西方人害怕的就是千篇一律，欢迎的就是个性和独特性。因此在西方，逻辑推理比权威观点更有价值。这就导致西方人在写作中喜欢通过大量的事实和资料来使对方信服自己的论点，而很少使用老套的表达方式，害怕相同、重复。

3. 归纳型和分析型

“天人合一”是中国传统文化中的重要内容，中国人深深地扎根于传统文化中，所以形成了整体性思维。整体性思维表现在汉语写作中，就产生了汉语的归纳型句式，这种句式融合内部的各种语义关系，然后建立一个意义整体。汉语句子注重“意合”，也就是追求意义的完整。例如，在“吃就吃，不吃就走”。这句话中，没有使用关联词，却同样表示了假设和条件关系。另外，汉语句子遵循逻辑和时间的轨迹，将重点内容置于句子的末尾。汉语句子一般是先表述客观内容，然后自然地陈述主观内容，也就是先交代事情的脉络，然后提出结论。

西方传统哲学将世界与主体对立起来，西方人的思维深深地受到传统哲学的影响，因此在判断、推理和应用概念方面比较擅长，最终就形成了分析型思维方式。科学分析离不开形式逻辑，英语句子重视“形和”，也就是英语句子讲求完备的形式，这就不得不借用各种有形的连接手段去保持语法的完整性。因此，英语中存在大量的表示衔接关系的连接词，并且有着极高的出现率。英语先描述主观内容，再描述与主观内容紧密相连的客观内容；先提出论点，再进行详细的陈述，最后描述其他内容。

（二）大学英语写作教学的现状

写作是一种书面交流方式。英语中的写作作为一项综合性语言技能，不仅以语言知识为基础，还需要其他技能的配合与支持。因此，写作教学一直是我国英语教学中的难点。我国大学英语写作教学的现状表现在以下一些方面。

1. 没有理性把握教学目标

目标是行为的指挥棒，任何一项活动都不能缺少目标。英语写作教学目标包括总体目标和阶段性目标，教师对这一点要有清晰的认识。总体目标指导着阶段性目标，阶段性目标服务于总体目标。有些教师对总体目标没有准确的理解，更不清楚怎样按照总体目标形成阶段性目标。按照维果茨基的最近发展理论，写作教学目标和学生当前的写作水平之间需要有适当的距离，这个距离是学生依靠他人的指导可以完成的。如果距离过大，学生就无法达到预定的写作教学目标；相反，如果距离过小，学生实现目标的动机就不强。写作教学目标是否科学，关系到学生写作能力的发展。

2. 忽视学生写作的过程

目前，大学英语教师在教授写作时普遍不重视对学生写作过程的指导。通常的做法：教师提供一篇优质的写作范文，然后让学生照着这个模板进行写作。这种做法就是典型的重模仿、轻创作的方法。作为一名英语写作入门者，一定程度的模仿是一种可取的方法，模仿是写作的必经之路。只有先模仿，学生才有写作的基础。同时，学生也要牢记的是，真正理想的写作是脱离模仿的独立创作。写作必须表达自己的心声，必须呈现出自己的作品，否则就不是写作。模仿如果不注意添加自己的思想，就变成了抄袭。模仿自身的弱势也是存在的，有的学生缺乏关于文章体裁的相关知识，不知道文章是什么体裁，就将一种范文结构应用于所有体裁的文章。另外，一些保持语篇衔接连贯的过渡词也有自身适用的场合，学生如果在作文中使用了不适当的过渡词，作文读起来就会很不自然。

3. 作文评价的技巧有待提高

学会游泳的最好方法就是自己下水。同样地，学会写作的最好方法就是自己写。大多数教师也同意这一点，因此会在写作教学中布置当堂完成的作文，然后进行课后评价。在写作教学的最后，还有一个作文评价的步骤，这个环节很重要，然而却非常容易被忽视。一些教师在评价学生的作文时，倾向于修改作文中的词汇、搭配等语法知识，而不管作文的主题是否跑偏，不管作文有没有一个完整的结构，也不管作文有没有具备流畅的行文逻辑。这似乎在暗示学生哪些方面更加重要，其实这是一种误导。如此一来，就会给学生一种错误的暗示，好像作文中的语法比较重要，因此学生在写作过程中就会特别在意语法运用的准确性。另外，有的教师在写批语的技巧方面还有很大的进步空间，不善于表扬学生的发光点，只看到学生所犯的错误，这不利于提高学生写作的积极性。

（三）大学英语写作教学的目标

《大学英语课程教学要求》对大学阶段的英语写作教学也提出了一般、较高和更高三个层次的要求。

1. 一般要求

（1）能完成一般性写作任务。

（2）能描述个人经历、观感、情感和发生的事件等。

（3）能写常见的应用文。

（4）能在半小时内就一般性话题或提纲写出不少于120词的短文，内容基本完整，中心思想明确，用词恰当，语意连贯。

（5）能掌握基本的写作技能。

2. 较高要求

（1）能基本就一般性的主题表达个人观点。

（2）能写所学专业论文的英文摘要。

（3）能写所学专业的英语小论文。

（4）能描述各种图表。

（5）能在半小时内写出不少于160词的短文，内容完整、观点明确、条理清楚、语句通顺。

3. 更高要求

（1）能用英语撰写所学专业的简短的报告和论文。

（2）能以书面形式比较自如地表达个人的观点。

（3）能在半小时内写出不少于200词的说明文或议论文，思想表达清楚、内容丰富、文章结构清晰、逻辑性强。

（四）跨文化视角下大学英语写作教学的方法

1. 输入与输出的互补

输入和输出是英语学习的两种重要形式。“读”是语言输入的一种方式，而“写”是语言输出的一种方式。输入是输出的基础，所以读是写的基础。因此，教师在英语写作教学中要注重输入和输出的互补，使二者相得益彰。“读”能够为“写”提供必要的语言材料，对学生的写作灵感给予理性的启迪。只有头脑中存储着写作的各种词汇、句子和衔接方式方面的素材，才能轻而易举地进行英语写作。各类体裁的阅读材料提供了许多功能各异的句子框架，这些素材的输入为英语写作奠定了坚实的基础，加快了学生产出作文的速度和效率。另外，学生只有进行了大量的阅读，才能提高自己的英语语感，并不知不觉地养成英语思维习惯。在英语写作中，有些学生感觉某种表达方式非常自然、妥帖，但是说不出所以然，这就是语感给学生带来的效应。

2. 技巧的改善

英语写作技巧的改善是一个永恒的话题，教师应始终注重学生写作技巧的培养。大学英语写作具体可以从以下几个方面着手。

（1）构思方面。只有经过构思，作者才能对作文有一个整体的把握。构思是写作的基础，需要贯穿于文章写作的始终。构思的方式包括如下几种：一是思绪成串式。学生用圆圈的形式将写作主题在纸上呈现出来，然后列出与主题有关的关键字，同样以圆圈的形式表现出来，并进行总结归纳，最后确定写作思路。二是自由写作式。学生对作文题目展开自由而丰富的联想，然后及时记录自己的想法，并从中挑出有用信息展开写作。三是五官启发式。学生的五官都会接收到一定的信息，学生需要整合这些信息，然后提炼出对写作有用的信息。

（2）开篇方面。好的开端就是成功的一半。开头是读者对作文的第一印象。第一印象往往给人的感受最深刻，并影响之后的看法。文章开头如果写得好，可以引人入胜，大大激发读者的阅读兴趣。常见的文章开篇方法包括以下几种：第一，名言名句导入式。谚语、格言富有深刻的哲理，用在开头可以有效吸引读者的目光。第二，故事导入式。在文章开篇将一个生动的故事道来，读者的抵抗力明显降低。第三，比较、对比导入式。人们在心理时常进行着对比，在开篇运用对比能够引起读者对结果的好奇心和深思，因此常用于对某种现象的突出和强调。第四，开门见山式。这种开篇方式常见于西方人的作文中，因为西方人多为直线型思维。开门见山的开篇方式爽快、直接，比较容易赢得好感。第五，问答导入式。这种开篇方式在于通过提问引起读者的好奇心，问答导入实际上就是自问自答。提问也是有技巧的，要多问人们急于知道的问题。第六，定义导入式。当文章要描述一个新的概念或事物时，可以在开篇就给出定义，这样读者就在开端打通了障碍，也比较好理解。定义导入式常用于说明文或科普类文章。

（3）段落发展方面。在确定文章的框架之后，就要开始构思开头，然后紧接着就对段落进行展开。可以按照以下几个方面来展开段落：第一，按过程展开。这种段落展开方式适用于记叙文的写作，顺着事情发展的脉络逐步交代。第二，按时间展开。这种方法也常用于记叙文的写作。在叙事时，先发生的事情先写，后发生的事情后写。第三，按逻辑展开。文章的逻辑包含思路的流畅性、段落间的衔接、句子间的连贯等。在文章的逻辑中，关联词是一个非常重要的工具。它是一种衔接手段，使行文流畅，引导读者顺着作者的思路思考。第四，按空间展开。当描写一个地方或景物时，这种方式是一个可取的选择。它能够增加文章的错落感和整体感。

以上四种方法可以单独使用，也可以综合使用。以上四种段落展开方式的具体实施方法有多种，如类比法、因果法、事实数据法、拆开分析法、举例法、叙述法、描写法、反驳法、过程分析法、对比/比较法、分类法、重复法、列举法、定义法等。

（4）结尾方面。所谓善始善终，就是说结尾对一篇作文也有非常大的影响。结尾用于总结前文或者是内容的自然结果。常用的结尾方式主要有以下几种：第一，重申主题式结尾。在结尾处对文章的中心思想进行强调，使读者难以忘怀。第二，总结式结尾。在文章结尾处对全文进行总结，以揭示主题。第三，反问式结尾。这种结尾方式也可以用于强调文章主题，它能够起到增强语气的作用，并发人深思。第四，建议式结尾。这种方式主要就文章讨论的某种现象或问题，提出解决办法或者呼吁一种行动。第五，展望式结尾。在文章结尾表达一种愿望，可以达到鼓舞人心的目的。

3. 有效的模仿

中国学生由于习惯性的汉语思维方式，常常采用翻译式写作，即先用汉语思考，然后进行汉译英。这种方式降低了写作效率。

仿写就是解决这一问题的一种途径。通过仿写，学生可以积累写作素材，了解英语写作模式。

另一种解决途径就是运用语块来进行写作教学。本族语者存储的是各种情景下搭配的语块。一旦需要这些语块，就能直接提取，无须对一个个的单词进行加工处理、排列组合，这提高了语言输出的速度和质量。基于语块的写作教学包括两个层次。第一种层次是较低的层次，即进行汉英互译、语块替换、语块造句、运用语块复述课文等。第二种层次是较高的层次。教师可先将学生分成几个小组，然后组织学生讨论课文，教师应指导学生识别不同功能的预制语块，最后进行写作。这就可以节省从思维到词语再现整个认知过程中的努力，减少了临时的结构分析和组合，而主要聚焦于更大的语言单位和语篇结构的层面上。文章的起承转合都有相应的语块形式，这是学生可以选择的素材。对这些语块的熟悉，可以加快语篇组织的速度，加强语篇的条理性。

三、跨文化大学英语翻译教学

（一）文化作用于大学英语翻译

翻译是两种语言、文化的转换。文化因素影响翻译的过程，影响翻译的形式，更影响翻译的基本要求，以下就进行概括性的说明。

1. 文化作用于翻译过程

美国语言学家爱德华·霍尔（Edward T. Hall）指出："翻译过程不仅仅由语言因素所决定，而且由社会因素和心理因素所决定。"由此可见，翻译在转换语言的过程中要考虑交际语境，交际语境就是文化因素。翻译的基础在于文化的共通性，任何文化之间都会有一定的重叠；翻译的难点在于文化的多样性，不同文化之间存有差异。

理解与表达充满了整个翻译过程，其中，理解是前提条件，对原文的理解是表达的前提，但翻译最终以表达呈现给读者。一篇文章将语言知识再现出来是必须的，另外还要再现特定社会条件下所形成的独特的文化信息，如风俗习惯、宗教信仰、价值观。因此，仅仅流于文字表面所传递的知识和信息，就无法获得原文的内在灵魂，译文也难以再现原文的神韵。但是，译者本身也是一个文化个体，他无意识地受到自身文化的影响，在翻译中仍会携带自身所处的文化，这种文化影响整个翻译过程。

2. 文化作用于翻译形式

文化在地位上也有着等级的区别，也就是有强势文化与弱势文化的区别。它会影响翻译进行的形式。毋庸置疑，文化背景影响着翻译什么样的作品、如何翻译，不得不提的是，强势文化也对此有着一定的作用。翻译是有目的的，强势和弱势文化在选材上就有差别，表现出显著的不平衡现象。例如，在历史上，罗马人征服希腊后，带着一种"胜利者"的心态，把希腊作品视为一种可以由他们任意宰割的"文学战利品"而对其进行随意翻译。

3. 文化翻译的基本要求

奈达把文化看作一个符号系统，指出文化在翻译中的地位与语言相当。

从跨文化交际的角度来说，文化翻译的基本要求是再现源语文化特色和再现源语文化信息。

（1）再现源语文化特色。为了弘扬民族文化特色，增强人类文化的魅力和生命力，译者必须忠实地将源语文化展现在译语读者面前，使源语文化完整和统一。例如，百合花lily在西方人心目中象征着贞洁和高贵，而paint the lily这句短语字面意思为“为百合花上色”，其内涵意义为“做吃力不讨好的事情”。在“While it may seem to be painting the lily，I should like to add some what to Mr. Alistair Cooke’s excellent article. ”这句话中，如果只对词进行字面翻译，其意思为“阿利斯太尔·库克先生的作品很好，但我还是要稍加几笔，而这似乎是给百合花上色”。这样的表达与原文中所要表达的内在含义相去甚远，译文意思不明确，没有将源语的内涵意义真正译出。在翻译时应充分考虑其文化内涵，可以将其译为“阿利斯太尔·库克先生的作品很好，尽管是吃力不讨好的事情，但我还是要稍加几笔”就可以彰显其原意了。

（2）再现源语文化信息。翻译的过程实质上就是信息传递的过程。只有译者在翻译中深刻理解语言的文化内涵，并将其完整地呈现出来，才能使人们通过译文同样感受到与原文相同的内涵。因此，在文化翻译中不可只拘泥于原文中的字面意思。例如It was Friday and soon they'd go out and get drunk.

对于上述句子的翻译，如果按其字面意思则为“星期五到了，他们马上就会出去喝得酩酊大醉”。这样的翻译虽然忠实且通顺，但目的语读者不明白为什么星期五到了人们就会出去买醉。很显然，这句话与目的语之间存在信息差，这导致了目的语读者看到该翻译后感到困惑。在英国，Friday是发薪水的固定日期，所以到了这一天，人们领完工资之后就会出去大喝一场。译者在翻译时不妨将Friday具体化，加上其含有的文化信息，把这句话译为：“星期五发薪日子到了，他们马上就会出去喝得酩酊大醉。”如此一来，Friday一词在特定的语境中所承载的文化信息就被完整地传递和理解。

（二）大学英语翻译教学的现状

翻译是一种跨文化交际活动，随着跨文化交流的日益频繁，社会对翻译人才的需求也越来越旺盛。翻译教学是培养翻译人才的主要途径，因此翻译教学也备受重视。当前大学英语翻译教学现状表现在以下几个方面。

1. 对翻译教学投入不够

高校和教师还没有足够重视翻译，因此对翻译教学的投入不够。大学英语教学的翻译课程几乎无一例外地被设置为公共选修课，甚至有些院校根本就没有设置面向全校大学英语教学的翻译理论和实践课程。翻译教学的处境日益艰难。

（1）翻译课程修课时限短，授课课时严重不足，很难完成既定教学任务。很多院校对于选修课的修课期限给出了极其严格的规定，通常为一学期，每周2课时。在一周的2课时内，教师只能完成翻译理论的传授。教师也会在课堂上布置翻译练习，只是随后就将参考译文直接呈现给学生，偶尔会讲解其中的语言知识，而对具体的翻译技巧只是进行口头陈述，并没有设计相关的巩固、强化练习，技巧的学习也只是流于形式，学生没有真正内化这些翻译技巧。有的教师甚至将翻译练习当作家庭作业布置给学生，由他们课后完成，然后在下一堂课再评讲练习。

（2）鉴于对翻译理论与实践的重要性之认识，选修翻译课程的学生数量众多，班级人数可达200 ~ 300。如此庞大的学生数量，使翻译教学实践难以展开，授课质量也就无法得到保证。

（3）学生的双语水平参差不齐，而且部分学生学习翻译的目的是修学分，翻译教学缺乏互动。

2. 师资的专业性不够强

目前在学校里承担英语翻译教学任务的教师，大部分是毕业于高校的英语专业而不是翻译专业，因为中国只有少数几所高校开设了英语翻译专业。这些翻译教师没有从事翻译实践的经历，所以他们存在翻译理论和翻译实践相脱节的情况。因此，中国的教育现状导致了翻译教师的专业性不强。他们在英语翻译教学中比较擅长讲解空洞的翻译理论和技巧，而对学生的翻译实践则没有做充分的指导。因此，这种教师对学生翻译能力的培养也具有不良影响。

3. 学生的翻译学习态度不佳

学习态度是影响学生翻译学习效果的关键因素。有些学生意识到翻译是英语综合技能的体现，教师出于提高英语能力的目的，对待翻译学习就会保持认真、积极的态度，不断发现自己的知识漏洞并不断改正，这些学生的翻译能力最终可以得到提高。与此相反的是，有的学生认为翻译使用的机会和场合不多，因而对待翻译练习抱着应付的心态，完成作业以后不经思考就直接对答案，还有的学生不思考，就去寻求他人的帮助。还有的学生任凭母语干扰的存在，在英译汉的翻译实践中使用一些方言、口语词汇等，这也影响了翻译质量。不管教师如何强调，很多学生总是无法摆脱逐字逐句翻译的错误做法。

（三）大学英语翻译教学的目标

对于英语翻译教学的目标，《大学英语课程教学要求》做出了以下具体要求。

1. 一般要求

（1）能借助词典对题材熟悉的文章进行英译汉，译速为每小时约300个英语单词，译文基本传达原文的意义，无重大的理解和语言错误，符合中文表达习惯。

（2）能借助词典对题材熟悉的文章进行汉译英，译速为每小时约250个汉字，译文基本传达原文的意义，无重大的理解和语言错误，符合英文表达习惯。

（3）能借助词典将与专业相关的文章、介绍、提要、广告、产品说明书等翻译成汉语。

2. 较高要求

（1）能借助词典翻译英语国家一般报刊上题材熟悉的文章。英汉译速为每小时约350个英语单词，译文通顺达意，理解和语言表达错误较少。

（2）能借助词典对一般性题材的文章进行汉译英，译速为每小时约300个汉字，译文通顺达意，理解和表达错误较少。

（3）能摘译所学专业的英语文献资料，译文符合中文表达习惯。

（4）能使用适当的翻译技巧。

3. 更高要求

（1）能借助词典翻译所学专业的文献资料和英语国家报刊上有一定难度的科普、文化、评论等文章，英汉译速为每小时约400个英语单词，理解准确，基本无错译、漏译，译文流畅。

（2）能将反映中国国情或文化的介绍性的文章译为英文，汉英译速为每小时约350个汉字，基本无错译、漏译，译文达意，符合英语表达习惯。

（四）跨文化视角下大学英语翻译教学的方法

1. 交际教学法

基于翻译的跨文化交际性质，交际教学法在翻译教学界开始流行起来。该方法指出，要想达到交际的目的，在向学生传授语言知识的同时，也要传授相关的社会文化知识。交际教学法认为翻译教学活动要以学生为中心，注重学生的主体性。这不是说教师变成了可有可无的人，教师的作用在于帮助学生流畅地表达观点。交际教学法的具体步骤如下：首先，教师精心选择内容一致的源语和目标语文本材料，让学生对它们进行对比，并分析两种材料的语言差异和文化差异。其次，教师给学生布置有针对性的涉及文化的翻译练习，让学生在做练习的过程中培养文化意识和翻译能力。最后，在学生完成练习之后，教师要对学生的翻译作品给予认真的点评并讲授相关的文化知识。

2. 技巧强调法

翻译教学中的一个很重要的部分就是向学生传授翻译技巧，翻译技巧也是翻译能力的体现，主要的翻译技巧有直译、意译、释义、正译、反译和英汉同义。

（1）直译法。就是保持原文的语言形式、风格以及意义不变的情况下，用另外一种语言表达。

（2）意译法。就是为了用另外一种语言再现原文的意义和内容，而在语言形式上做出一些变动。

（3）释义法。就是当原文中某个词语无法在译语中找到对等语，并且也无法使用其他翻译方法时，就对词语进行恰当的阐述。

（4）正译法。就是当英语中的某些否定形式无法在汉语中找到对等形式，就将它翻译成肯定形式，以符合汉语的表达习惯。

（5）反译法。为了使译文符合汉语的表达习惯，将原文中的肯定形式翻译成否定形式。

（6）英汉同义法。因为汉英的“巧合”现象，即英语和汉语存在意义、形式上相同或相似的谚语，在这种情形下，为了忠实地再现原文意义和内容以及谚语的形式、结构，翻译时可以套用。

第五章

跨文化大学英语教学新模式

第一节　跨文化大学英语课程思政教学模式

“课程思政”概念最早于2014年由上海市政府提出，其目的在于“将立德树人作为教育的根本任务，深入发掘各类课程的思想政治理论教育资源，使各类课程与思想政治理论课同向同行，形成协同效应”。而随着2016年高校思想政治工作会议的召开以及习近平总书记在会上对于抓好高校思想政治工作的强调，课程思政迅速引起高校工作者的热议，也成了众多学者研究的热点议题。

学校应依托分类原则与指导，结合学生培养目的与课程要求，深化教育国际化内涵，通过课程评估、教师培训、教材选用、模式优化、课程设计，为国际化人才的培养，提供支持和抓手。在新时代背景下，我国综合国力得到不断提升，话语权不断增强，国际民众和社会对我国的关注程度日渐提升，为更好地展示中国，传播中国思想，大学生应当承担起中华传统文化、先进文化、民族文化对外融入与传播的责任。大学英语是国际思想交流的重要媒介，是受众广泛的素质教育课程，如何引导学生在了解西方文化，传播中国理念、思想、声音的同时，更加坚定文化自信、理想信念，则需要将思政工作与大学英语融合起来，使思政教育成为国际化人才培养的重要依托，让国际化人才能够践行社会主义核心价值观，坚定道路自信、理论自信、制度自信、文化自信。

一、国际化人才培养的必要性

《关于德法兼修、实施法制人才教育培养计划的意见》指出：拓宽与国际组织和大学的交流合作渠道，深化课程互通、学生互派、教师互换、学分互认等合作，创造条件选派学生和教师到国际大学或组织任教，培养拥有国际视野，能够维护国家利益、法律事务的涉外法治人才！

《关于实施教师培养计划的意见》指出：提高师范生赴境外学习比例，通过境外实习、见习、高校交流等多种形式，扩宽师范生的国际视野，提高学生学习西方经验、理念的程度，深化中国教育的域外影响力。由此可见，加大国际化人才培养力度已经成为我国高等教育发展的重要任务和目标。其次是核心素养的“转向”。核心素养的课程改革已经初露端倪，拉开帷幕。结合教育部颁布的课程标准，立德树人目标将在基础教育阶段得到全面的落实和推行。核心素养所涵盖的教学模式是结合社会生活的问题情景，是基于探究学习、协作学习、体验学习的学习形态，强调探究、合作及思维深度，注重合作、自主的学习方式，要求教师积极整合价值观念、探究模式、思想方法、知识技能等方面的内容。由于基础教育层面的课程改革对大学英语课程改革提出了全新的要求。大学英语课程目标应构建在基础教育课程改革的前提下，结合原有的培养目标和课程要求，确保大学英语教育的连贯性。由于基础教育课程改革所强调的核心素养包含学习能力、思维品质、文化意识、语言能力，因此大学英语教育应重新审视基础教育阶段的大学英语课程方式、内容、目标，深化国际化人才教育的要求，提升学生的核心素养，完成立德树人的目标。

二、课程思政建设的基本内涵

在国际化人才培养的背景下，大学英语教育普遍存在重智轻德、重教轻育的倾向，难以发挥或激发学生的主观能动性，忽视跨文化交际、国际视野、中国情怀、大学英语语言能力的培养，导致大学英语人才培养的实效性不高。并且难以满足国家对国际化人才培养所提出的基本要求。因此结合大学英语的实践现状与性质定位，能够发现大学英语课程思政能够切实弥补大学英语教育中所存在的问题，并且拥有丰富的思想内涵。首先，大学英语课程思政是思政教育现代化发展的基本要求，有利于破解思政教育所面临的孤岛化困境和单兵作战难题，是建构全课程全员思政教育体系的基本需要。通过挖掘其他课程在教学方式与知识体系中所蕴含的思政元素，能够形成与思政教育同向同行，全方位、全程、全员育人的良好格局。因此大学英语课程思政建设有助于促进思政课程的发展和建设。其次是全面深化大学英语教改的基本要求。当前社会信息化、文化多样化、经济全球化使人们的文化交流、思想交锋日渐频繁，学校急需在国际化人才培养中，加强社会主义核心价值观及社会主义思想的价值引领，通过遵循教育规律，学生发展特点，提出新理念，制定新策略，促进大学英语课程改革工作的开展。同时也能为大学英语教育培养国际化人才、增强学生跨文化交际能力，提供支持和帮助。因此，加强大学英语课程思政建设，有利于大学英语课程的改革与发展，有利于学校更好地培养国际化人才。

三、大学英语跨文化课程思政的实施路径

（一）大学英语教师的自我提升和“课程思政”教学团队建设

“课程思政”是一个新概念，很多高校教师对此认识不足，把“课程思政”和“思政课程”混为一谈，以为“课程思政”建设应是马克思主义学院教师的工作。因此，学校应该通过“请进来”和“送出去”的方式给教师提供更多的学习机会，以厘清“课程思政”的内涵和教学方式。教师除了要遵守职业道德规范，还要不断参与政治学习，学习党的方针政策和国家的发展形势，以提高自身的思想觉悟和大局观念。在国家大力推行“课程思政”的形势下，各高校应该注重各类课程和思想政治教育的融合。大学英语教师除了掌握扎实的英语知识，还应该积极学习思想政治课程，关注国家教育形势，深度了解社会主义核心价值观的内涵，并通过挖掘各种资源，将思政元素潜移默化地融入大学英语教学。

大学英语教学部或教研室应成立大学英语“课程思政”教学团队，致力于做好以下几个方面的工作：其一，共同制定大学英语“课程思政”实施方案，按照方案组织团队成员调整课程建设，包括重新修订教学大纲、设置课程、集体备课等，并保障“课程思政”建设的合理性和有效性；其二，组织成员积极学习习近平总书记在全国教育大会上的讲话和教育部原部长陈宝生在

2019年全国教育工作会议上的讲话，并结合校本实际加强对“课程思政”的教学研究；其三，鼓励教学团队成员积极申报大学英语“课程思政”建设相关课题，在课题立项的基础上有计划地进行教学研究，并把教学实践凝练成理论成果，进一步反哺教学。

（二）大学英语“课程思政”课程设置

在“大思政”格局下，无论必修课还是文化素养课程均需有意识地向“课程思政”建设靠拢。比如，通过在各种课程中引入思政元素，引领学生学习英文版的中国哲学、宗教、民俗、地理等方面著作，以此提高学生的英语技能，培养学生的文化自信心、民族自豪感以及爱国主义情怀。

（三）大学英语“课程思政”的具体实施方案

如上所述，大学英语教材内容主要以西方国家为背景。如果教学中只带领学生学习教材中的内容，学生难免会受到教材中西方文化思想的影响，使思想观念偏离社会主义核心价值观，甚至盲目崇拜西方，而忽视本国的文化核心价值。因此，大学英语教育除了要开拓学生的国际视野、培养学生的英语思维，更要把学生塑造成拥有中国情怀的社会主义建设者和接班人。当然，大学英语教学融入中国的思政元素并非要否定西方的思想价值，两者亦可以同向同行、相互补充，以培养学生的辩证思维能力和文化自信。在理工类专业课程教学中，教师可以把知识点讲解和解题思路与中国的文化价值观联系起来，向学生灌输做人做事的道理。大学英语属于通识课程，教学内容涉及政治、历史、地理、经济、教育等诸多方面，学生容易把所学单元话题和相应的中国文化知识结合起来。教师甚至可以引领学生直接学习英文版思政内容，比如在翻译教学中择取中国时事政治、治国理政金句、中国文化等内容，让学生做翻译练习；通过作业布置的途径，让学生阅读英文版《中国日报》，课下听中国国际广播电台的英语新闻，并基于所听所获在课堂上就热点话题用英语进行讨论。可见，大学英语“听、说、读、写、译”五项技能的培养均可以自然地融入“思政”元素。大学英语教师在备课的过程中应根据所教内容有意识地添加相关的思政元素，以便在课堂上引导学生进行对比和讨论，在学习西方知识的同时提高思想觉悟。具体如下。

1. “课程思政”在英语听力训练中的体现

大学英语教师在备课过程中应有意识地搜集有关中国思政方面的听力内容，给学生做听力训练。在听力教学过程中，要有选择地引领学生学习和掌握重要的思政词汇和短语，使其通过理解听力内容感知教材中蕴含的中国文化价值和意义。另外，可以给学生布置课后听力作业，要求学生通过手机收听中国国际广播电台（China Radio International，CRI）的节目。CRI为中西结合的广播频道，除了有中国的时事新闻栏目，还有许多有关中国文化的栏目，内容丰富多彩。教师应要求学生定时收听英语新闻和中国文化栏目，并做好笔记和后记，以便在课堂上作进一步的分享和讨论。

2. “课程思政”在英语口头表达训练中的体现

大学英语教师在教学时应有意识地把单元话题和思政内容联系在一起，引领学生积极参与话题讨论。比如，新视野大学英语第三版第一册第四单元的话题是“Heroes of our time”（我们身边的英雄）。教师在课堂上可以引领学生用英语讨论中国民族英雄的英勇事迹，学习英雄身上的特质和无私的奉献精神，进而珍惜当前的美好生活，为社会主义大建设奉献自己的力量。

3. “课程思政”在英语阅读训练中的体现

大学英语教师在培养学生阅读能力时，可以引导他们学习思政方面的内容，比如让学生在课外坚持读《中国日报》和《今日中国》。学生通过阅读有关中国的英文版报纸和杂志，能够随时跟踪国家各个领域发展的动态，学习国家领导人治国理政的方略，提高政治词汇量和阅读理解能力，培养文化自信心、民族自豪感和爱国主义情怀。

4. “课程思政”在英语书面表达训练中的体现

经过听、说、读三个模块的学习和训练，学生的听力理解能力、口头表达能力和阅读理解能力均得到锻炼，对“课程思政”的认识和思想觉悟也得到提高。大学英语教师应在此基础上进一步培养学生的书面表达能力，要求学生在做完新闻听力或完成一个阅读之后用英语写出学习心得，或通过撰写说明文的方式介绍自己获得的知识，抑或撰写议论文表达自己的独特观点。在翻译教学环节上，教师应有意识地提供“中国特色文化”“英雄故事”等材料给学生做英汉翻译练习，使学生在提高翻译技能的同时学习中国的文化，培养社会主义核心价值观。

四、大学英语跨文化课程思政教学模式的建构

（一）构建课程思政教学模式的切入点

1. 要保障育人视野与目标的高度统一

跨文化课程的视野是国际化的，包含国内外文化体系的辩证对比，因此，思想政治教育也应该建立在国际视野上。如果思政教育坚持将视角置于国内，思政教育体系便无法融入跨文化体系内，从而拖慢英语教师的教学节奏，影响课程的教学质效。思想政治教育强调要培养大学生的道德修养和政治素养，而如果跨文化的教学目标中不包含素养和修养等内容，甚至可能会过度美化西方文化和思想时，双方目标上的不一致性也会降低思政教育的质效。因此，英语教师最应该明确的就是课程在育人视野和目标上的统一性，只有统一才能真正地“两手抓”“全都稳”。同时也只有思政与课程在宏观上的调性高度统一，教师们才能有效合作，协助思政教育事业全面发力、全能发展。

2. 要辩证地看待中西方文化差异问题

众所周知，建立文化自信、制度自信是高校思想政治教育的关键目标，而影响自信建构的很大原因是外来文化侵蚀。“跨文化”中包含许多西方历史和文化的内容，且为了更好地利用外语这一语言工具，许多教学内容中具有潜在的“迎合性”。这种特性配合学生对于舶来文化的特殊好感，导致一部分价值观尚未成熟的学生过度认同别国文化，而忽视我国民族的、传统的文化价值。因此，一些英语教师在提到课程思政建构时，便提出要刻意在教学中压低西方文化的地位，以此来提升学生对传统文化的认同感。但实际上，在学生并未对传统文化建立良好认知和认同时，教师刻意的压制行为只会造成反作用。

因此，在跨文化课程朝向课程思政方向建构时，教师必须要辩证地看待中西方文化差异问题，要保证思政教育遵循客观性、科学性原则，为学生提供最客观的资料，在尊重事实的基础上对学生的思想观念、政治观点展开教育。

3. 注意提升英语教师的思政教育能力

从教学技术的角度看，英语教育和思想政治教育分属于语言技巧类和思想引导类，二者在教学方式、步骤上存在较大的差异性。在跨文化课程的相关教育人员开展课程思政前，必须要进行专业的思政教育能力培训。如果条件允许，专业的思政教育人员和有着丰富思政经验的辅导员们，也应该积极与负责该课程的教师建立合作关系，为他们提供专业的教学指导。

（二）大学英语跨文化课程思政教学步骤

1. 备课阶段要提炼教学主题，设定好对应的思政教育目标

教师需要做好宏观规划，并结合学生的具体情况考虑好一切细节问题。教师先要做好自身的建设工作，通过专业学习，以及与其他思政教育人员的深入沟通，确立坚定的思政觉悟和理想信念，并掌握教育的基本流程和教学策略。另外，教师要基于思政教育视角，重新审视、挖掘和提炼“跨文化”课程中潜藏的思政教育点，并根据该教育点的特征设置专业教学和思政教育双线并行的教育计划。例如，讲授“社交中的文化迁移”时，可延伸出“学习跨文化知识是为了更准确、更客观地实现中国文化及商品输出”这一理念。在讲解过程中，可将“传递中国文化”作为随堂练习内容，以此帮助学生正视学习外语的根本目标。

在初期规划阶段，要保证教案内容精确到每个步骤甚至是每句话，教案初稿完成后，应本着思政教育的理念和原则重新审视计划的科学性、可行性。并可与专业思政教师就教案内容进行辩论交流，由专业人员进一步审核。除此之外，英语教师和思政教师还应该对学生可能出现的反应进行预判，并商议好对应策略。例如，当学生发现教师在有意引导他们认同本土文化时，教师应该怎样进行话语引导和情绪引导，使学生将质疑情绪转变为认同情绪，等等。提前规划可以增强教师临场反应的质量，保障跨文化课程思政的教育质量。

2. 教学阶段要善用情绪引导，帮助学生建立正确的思想意识

在具体教学过程中，教师要善于使用和活用情绪引导策略，以控制舆情作为参考对学生进行思想政治教育。以“跨文化交际”课程中“朋友是福”为例：第一，在教学过程中，教师可以先列举中外交友方面的差异，在传授知识过程中不断询问学生对“差异”的态度，根据学生的表现决定下一阶段的教法。第二，根据学生的反应进行情绪引导。例如，教师若发现学生对本土交友方式比较提倡和自豪，应对此予以肯定；若发现学生更喜欢国外交友方式，就列举我国一些与国外类似的交友习惯，将学生从对国外的认同感引导到国内，以消解国外文化的“唯一性”；教师还可以提出国外交友的特征，要求学生找出本国文化中相似的部分，以此引导学生积极审视我国文化优势，从而建立文化自信。

最后，巧用实践教学，夯实学生本土文化认同感。思想政治教育的目的是让学生形成良好的、自觉的思政自律意识，只有这样才能真正长效、有效地提升大学生群体的思想觉悟。英语教师应以此目标为准，在教学过程中，以实践教学为主，让学生自己探索传统文化的美妙之处，客观认知别国优势和我国优势，将跨文化英语技能作为一个语言媒介，为国家建设和社会发展添砖加瓦。例如，讲授“商业合作”主题时，完成对跨文化交际技术讲解后，由教师扮演外国友人角色、学生扮演本土企业决策者角色进行交际实践训练，在此过程中，教师不断对中国本土商品及文化产生怀疑，促使学生辩解时将他国文化作为竞争对手去看待，从而有效建立竞争意识，并衍生出扎实的责任感。由此，教师便完成了爱国主义教育的任务。

维果斯基（Vygotsky，1978）指出，在学生现有水平和学生可能的发展水平之间存在“最近发展区”（zone of proximal development, ZPD）。最近发展区的存在启示我们教学活动设计时应为学生搭建动态支架（scaffolding），关注语言学习支架和思政教学支架的动态化构建，教学内容难度与深度呈现渐进性。

以《创新大学英语》第二册第五单元“Glocaliza-lion-Global or Local?”为例，该文为学生介绍了一种新的现象“全球本土化”，该术语对于学生而言是有些陌生的。教学内容难度与深度的渐进性应体现在教

学环节的设计上。首先，教师在导入环节（lead-in）播放一段有关全球化（globalization）的视频，使学生思考什么是全球化，全球化的积极影响和消极影响是什么？其次，教师为了做好全球化与精读课文“Gloca-lization-Global or Local?”之间的衔接，需要以直观的形式呈现什么是全球本土化（glocalization），如通过肯德基“苗岭酸汤双层鸡腿堡”汉堡包、“韩式泡菜鸡腿八分堡”的宣传海报，引导学生意识到“glocalizalion”，实际上是一个混合词（blend word），即“glocalization”，是由“global”（全球化）和“localization”（本土化）混合而成，“全球本土化”是“全球化”的新趋势。

因而，会有人质疑“全球本土化是全球化还是本土化”。最后，结合文本中蕴含的思政元素设计学生口语及书面表达练习，如全球化时代网络安全、网络强国的重要性，在全球化、全球本土化进程中的民族自豪感。

综上所述，通过“五备三统一”（备大纲、备教材、备教法、备学法、备训练；统一教学目标、统一重难点、统一教学进度）的有机结合，将离散的教学活动变为以育人目标为内在逻辑的有机整体，从而形成语言知识传授、语言能力培养以及价值观塑造的合力，有序推进以立德树人为目标的思政教育建设，构建大学英语课程思政与专业思政课程共建思政育人的格局，形成知识学习与政治素养双提升的局面。

此外，需要特别注意的是，大学英语教材中经常忽略中国文化的现象。通过大学英语课程学习了解西方文化开阔学生的视野固然很好，但是不可否认的是“语言教育是与文化、政治意识相关联的一种文化、社会生产、再生产的政治行为”。换言之，语言在意识形态上并非是中立的，语言教育也受到价值观的影响。中国文化在外语教材中的低比例与基本缺失，不利于讲好中国故事，不利于传播中华文化，更不利于培养学生的文化自信心。应适当平衡中西文化内容的比例，正如杨金才（2020）所言，外语教育的课程思政应适量融入中华元素，通过中外文化比较既可以加深对西方文化的理性认识，又可以提升对中华文化的认同感、归属感。因此，就美国文化这一单元的教学而言，教师可以以头脑风暴（brain storming）的形式引导学生思考中国文化的象征，如京剧、国画、长城、故宫等，通过中西文化象征的对比研究，培养学生的语言综合能力、思辨能力，以润物细无声的“思政课程”形式实现思政育人的目标。

第二节　跨文化大学英语信息化教学模式

一、网络互联的内涵

（一）网络互联的概念

网络互联是指利用一定的技术和方法，由一种或多种通信处理将两个或两个以上的网络连接起来，构成一个更大的网络系统。

（二）网络互联的推动力

目前，网络互联正在发生着根本性的变化，其主要的推动力有以下几个方面。

1. 商业需求

经济在不断地发展，大型企业的总部、零件生产厂、总装线等可能设立在世界各地。这就需要将分布在世界各地的计算机网络互联起来，以适应国际化企业。这种商机诱使计算机厂商去研究互联技术，这就推动了网络互联技术的发展。

2. 新网络应用的不断出现

随着计算机应用技术的发展，多媒体网络已经开始使用，网上教学、电视会议、视频点播等新的应用对网络带宽与服务技术有更高的要求，这也促进了互联技术的发展。

3. 技术进步

随着网络的发展，局域网已经从共享介质局域网向交换式局域网发展。ATM网络已经形成，ATM网络多协议互联技术将成为网络互联技术研究的一个重要课题。

4. 信息高速公路的发展

信息公路就是将不同地区、不同行业以及不同类型的网络系统互联起来，以实现网络的互联、互通以及互操作。

5. 语言信息化教育的推动

网络技术在人类社会各个领域都实现了良好应用，尤其在语言教育领域翻转课堂、慕课、智慧课堂等新型教学模式不断涌现，这些新型语言教学模式都需要网络技术的支持。反过来，语言信息化教育的发展又推动网络技术的发展、网络互联黏度的增强。

二、外语教育的信息化诉求

教育部于2012年3月颁布了《教育信息化十年发展规划》（以下简称《规划》），制定了2011—2020年全国教育信息化的建设蓝图。《规划》在“信息技术对教育具有革命性影响”的思想指引下，强调推进教育信息化体系建设，提出从教育和技术的双向角度，全力推进信息技术与学科教育深度融合创新。《规划》指出，教育信息化在对教育起到支撑作用的同时，还需要更多强调它对学科教育变革的引领性作用，即教育信息化要革新各学科教育的主流业务，而不是利用教育技术作为各学科教育的一种辅助手段。《规划》强调要利用教育信息化破解长期制约我国教育创新的发展“瓶颈”，到2020年，全面完成《国家中长期教育改革和发展规划纲要（2010—2020年）》所提出的教育信息化目标任务，形成与国家教育现代化发展目标相适应的教育信息化体系。为此需要加快教育信息基础设施建设、加强优质教育资源开发与应用、构建国家教育管理信息系统。《规划》要求教育信息化要与我国未来十年教育现代化发展进程相适应，要为我国教育现代化事业做好支撑，成为教育现代化进程中的核心组成部分。《规划》明确教育信息化体系不是单纯基础设施建设，而是一种总体协调运行的能力体系建构，它不仅包括硬件基础设施，还包括应用软件系统、数字教育资源、管理信息系统、人才队伍、制度保障等全部教育现代化的发展要素。

由此可见，十年《规划》的核心理念是使信息技术真正进入学科教育并使其发挥无可替代的核心作用。为了实现这一战略目标，教育信息化建设就必须告别之前“建网、建库”等以硬件建设为中心的思维定式，善于利用既有网络信息技术环境和共享服务资源，实现学科教育的变革与创新。“‘以硬件为中心’引领的思路是首先建设硬软件，然后为了推动硬软件的使用，再配套资源，开展培训、调整制度、开展服务等”，而“‘以应用为核心’的思路则是先调研实践应用以及人的发展需求，围绕需求问题的解决……形成实际问题解决的能力体系。”毫无疑问，外语教育改革也毫无例外需要“关注推进信息系统从孤立走向连接与整合……实现从独立系统到集成化的综合服务的转向”，需要“从关注个别学校的实验转向推进整体区域的规模质量效益，从关注技术教育应用的表面转向各学科教学质量和促进学生学习质量的实际提高，从关注短期行为转向关注可持续发展”。总之，从教育实际出发研究外语教育规律，我们不难认识到，面对信息化时代扑面而来的优质外语学习资源和共享开放的在线课堂，外语学科教育的信息化诉求正日趋强烈，传统外语教育的功能性质必然发生革命性的转变。

三、信息化教学的内涵

（一）信息化教学的定义

信息化是当今世界经济和社会发展的大趋势，以多媒体和网络技术为核心的信息技术已经成为拓展人类能力的创造性工具。伴随着教学环境信息化以及数字化教学资源在教学中的应用，一些新的教学观念、教学组织形式、教学方法等正在形成，从而促进了新型教学模式不断应用于实践。正如教学是教育的主体和核心一样，信息化教学也是信息化教育的主体和核心，它是与传统教学相对而言的一种新型教学形式，它注重现代教学媒体在教育中的应用。

信息化教学，就是指教育者和学习者借助现代教育媒体、教育信息资源和方法进行的双边活动。它既是师生运用现代教育媒体进行的教学活动，也是基于信息技术在师生间开展的教学活动。

信息化教学不仅是在传统教学的基础上对教学媒体和手段的改变，而且是以现代信息技术为基础的整体的教学体系的一系列的改革和变化。信息化教学是与传统教学相对而言的现代教学的一种表现形态，它在现代教学理念的指导下，重视现代信息技术，如多媒体技术、计算机网络技术、卫星通信技术等在教学中的作用，充分利用现代教育技术手段，应用现代教学方法，调动多种教学媒体、信息资源，构建良好的教学与学习环境，并在教师的组织和指导下，充分发挥学生的积极性、主动性、创造性，使学生能够真正成为知识、信息的主动建构者，从而达到良好的教学效果。

（二）信息化教学的特征

信息化教学的特征，可以从技术层面和教育层面来加以考察。

1.技术层面

从技术层面上看，信息化教学的基本特点是数字化、网络化、智能化和多媒体化。数字化使得信息化教学系统的设备简单、性能可靠、标准统一，网络化使得信息资源可共享、突破时空限制、人际合作易实现，智能化使得系统能够做到教学行为人性化、人机通信自然化、繁杂任务代理化，多媒体化使得媒体设备一体化、信息表征多元化、复杂现象虚拟化。

2.教育层面

从教育层面上看，信息化教学的基本特征是开放性、共享性、交互性与协作性。开放性使得教育社会化、终身化，学习生活化、自主化。可以预见在未来的若干年内，教育将从学校走向家庭、社区、乡村，走向信息技术普及的任何地方。学习将不再受时空和地域的限制，学习者可以在任何时间通过互联网，根据自己的需求、知识背景、个人喜好、学习风格来选择学习内容，学习方式、学习进度，设计解决问题的方案，开展学习活动。共享性是信息化的本质特征，它为教育教学提供了丰富的教学资源，大量的数据文件、档案资料、软件程序等形成了一个高度综合、集成的资源库。交互性使得学习者可以向教师提问，可以与其他学习者交流，可以围绕当前或当时的学习主题相互讨论，形成各自的判断，表达自己对问题的理解，交流各自解决问题的不同思路，相互分享解决问题的过程和成果，甚至于相互答疑、分析和评价。协作性使教师有更多地与他人协作和研讨的时间和空间，使学习者通过合作的方式共同解决问题。

四、典型英语信息化教学模式

（一）慕课模式

1. 慕课的定义

慕课是从英文MOOC直译过来的。MOOC是大规模在线开放课程，我国学者一般称为“慕课”。大规模包括三层含义：一是课程的内容庞杂；二是课程所容纳的学生数量多；三是影响力扩大，学习该课程的人数越来越多。

“M”代表Massive，意为大规模的、大量的，注册人数多，课程资源丰富，不仅仅是一两门课程，当然“大规模”也是相对的，第一门“慕课”只有2 200多学生，而目前每门课程容量可达数万人；“O”代表Open，意为开放的、公开的，学生学习空间和学习资源的开放，学生以兴趣导向，凡是想学习的，都可通过注册学习。即使是一些盈利公司或者教育机构的课程，学生也可以免费利用其课程资源；“O”代表Online，意为“在线的”，教师讲授、学生学习、师生或生生之间互动交流、进阶作业、监测评价等都可以通过互联网络在线实现；“C”代表的是Course，意为“课程”，包括讲授主题的提纲、讲授内容的视频、各种学习资料、进阶作业及学习注意事项。

简言之，慕课就是大规模网络开放课程中的一种，它有别于传统的通过电视广播、互联网、辅导机构、函授等形式的远程教育，也不完全等同于近期兴起的教学视频网络公开课，更不同于基于网络的学习软件或者在线应用。

慕课的独特之处主要体现在以下两个方面：所有课程必须是向所有人开放，并且力争做到免费；典型的慕课必须是大型的、大规模的课程。而且慕课微视频设计不是简单的搜集信息，它是一种新型的将分布于世界各地的授课者和学习者通过某一个共同的话题或主题联系起来的教学模式新方法。因此，慕课是一种新型的在线网络开放课程模式，是互联网技术进步和网络学习实验的演化产物。

2. 慕课的特征

（1）在线开放，实现资源共享。慕课教育与传统教育的最大区别在于，慕课是在网络技术的基础上建立的，它依托网络而生，因此具有许多网络的特性与优势。慕课能为学习者提供丰富的学习资源，还能实现知识共享、课程共享、教学成果共享等。传统课堂教学受到多方面的限制，影响力较小，但是慕课的出现使课堂的时空限制被完全打破了，任何人都可以免费参与到网络课程的学习中，对学习者没有任何准入门槛，也没有地域方面的限制。不同专业、不同层次的学习群体都能在慕课中找到自己需要的学习资料，这正是慕课开放性特点的鲜明体现。

（2）内容丰富，满足个性化需求。由于慕课的资源内容非常丰富，因此，它可以满足不同学习个体对知识的个性化需求。在慕课平台上，学习者可以为自己创设一套独一无二的课程模式，人们可以选择自己感兴趣的课程，也可以根据自身的学习能力或职业规划进行课程的选择，整个学习过程中，学习者可以自由掌握自己的学习进度，这在最大限度上满足了学习者的个性化需求。

除此之外，学习者还可以借助慕课平台向教师寻求指导，教师可以监督学生的学习进度，提醒学生调整学习状态，及时解答学生在学习过程中遇到的问题，对学生予以针对性的指导，做到因材施教，从而增强学生的学习效果。

（3）立足学生，实现自主学习。慕课的教学方式完全颠覆了以往传统的教学模式。在慕课教育中，学生的中心地位得到了突出，学生在课堂上不再是消极的、被动的，而是积极的、主动的，教师在其中只是适当地发挥指导作用，引导学生整理知识信息，完善知识系统。慕课能够促进学生自主学习能力的提升，有助于学生将所学知识进行有效内化。学生可以在慕课教育平台上进行课前预习，也可以进行自我测评，还可以与同学互相讨论，充分发挥学习的自主性，完全把握自己的学习进度与学习状态。

（4）多重互动模式，多元评价体系。慕课教育依托于网络平台，因此其互动性极强，在教授知识的过程中，始终没有忽视与学习者之间的互动。慕课教育平台使学生与学生之间、学生与教师之间形成了多重互动，这种互动能够有效激发学生的学习积极性，使课堂的学习氛围变得更加轻松愉悦，以此减轻学生的学习压力，使他们能够在一个轻松、愉悦的环境中进行学习。此外，慕课教学模式下的评价体系也变得更加多元化了，针对学习者的评价不再只是单纯地依靠分数，而是会考察学习者各方面的状况，进行综合性的评价。

由此可见，慕课教育的优势已经表现得非常明显，慕课的发展推动了高校英语教学的改革步伐。慕课在高校英语课堂中的应用，有效地提升了教学质量，对英语教学改革来说非常有益。

3. 基于MOOC视域的英语教学模式设计

（1）契合教学的实际需求，合理选择MOOC资源。合理选择MOOC资源是开展基于MOOC的英语教学的首要步骤。为此，应当在MOOC视域下实现MOOC资源与英语教学模式的紧密结合，合理选择契合实际需求的优质MOOC资源来开展教学。

应注意三点：一是调研、分析学生目前的学习情况以及英语学习的需求等；二是依据教学的实际需求将某个知识点作为主题，运用短视频的方式进行有关讲解，并且配备有针对该知识点的检测与习题，便于教师教学活动的开展，也便于学生的学习；三是以MOOC资源为载体，通过有效混合式学习，促进学生对读、听、写、说等能力的掌握，从而有效提升英语实际应用水平。

（2）合理地整合线下线上资源，有序地开展英语教学活动。在MOOC视域下英语教学模式中，教师应当在充分发挥MOOC资源优势、在线学习优势以及传统课堂既有优势的基础上，有效地整合线下线上资源，有序地开展英语教学活动。

第一，课堂教学活动的设计。运用这种教学模式，教师不仅实现了课前资源的搜集与整理，而且设计了有关课堂活动。课堂活动应当把“实践运用”与“探究剖析”作为重点，逐渐让知识点从情境中脱离，也就是让学生在没有具体情境的情况下掌握有关知识，并且可以运用到生活实践中，以推动学生多元读写水平的提高。

第二，教学活动设计突出学生的学习重点和难点。活动设计应结合学生课后作业的完成状况分析、归结设计的关键点。

（3）及时总结和反思教学活动，促进后续教学的优化。英语课堂依托MOOC等平台实现了翻转，教师还能够运用互联网等工具，为学生打造逼真的情境，提升其“亲身实践”的可信度，让其真正体会到所学专业知识的实效性。

教师对课堂的总结活动，主要可以从两个途径展开：一是MOOC平台的在线记录和反馈。学生利用课余时间登录共享平台，进行课前资源的学习，在上课之前完成有关习题，并且把在习题完成过程中碰到的问题反馈给教师。二是线下课堂中的释疑过程反馈。在实体课堂上逐一解决学生在课前学习中碰到的问题，对学生在学习过程中碰到的问题进行归纳、整理，做到课堂时间的高效运用，对学生学习情况做到及时的把握。

（二）翻转课堂模式

1. 翻转课堂的定义

定义一：颠倒的教室，是指教育者赋予学生更多的自由，把知识传授的过程放在教室外，让大家选择最适合自己的方式接受新知识；而把知识内化的过程放在教室内，以便同学之间、同学和教师之间有更多的沟通和交流。

定义二：翻转学习是把直接教学从群体学习空间转移到个体学习空间，将群体学习空间改变成一种动态性、交互性的学习环境，促进学生在教师指导下运用概念创造性地参与科目学习的一种教育教学形态。

翻转课堂在教学理念、教学过程、教学结构上均具有不同于传统课堂的特点。在教学理念上，传统课堂注重“集体化”教学，忽视学生个性化发展；翻转课堂突出个性化教学，满足不同学生的不同个性化学习发展需要。在教学过程上，我们知道教学过程包括知识传授和知识内化两个阶段。传统的教学过程，教师在课堂上进行讲授知识，在课下，学生通过作业练习完成知识的内化；而翻转课堂将“知识传授”过程放在了课前，“知识内化”放在了课堂，从而实现了教学过程的颠倒。在教学结构上，翻转课堂对传统课堂进行了重构，它在不同的环节具有不同的教学结构。

2. 翻转课堂的本质

（1）翻转课堂在本质上追求创新和智慧教育。翻转课堂以掌握知识为基础，以知识创新和发展人的生命智慧为主要目的。它专注于培养处理问题和应对危机的能力，也促进学生对人生的思考。它让学生学会运用已有的知识和经验对自己与他人和社会与自然关系进行积极审视、理解和洞察，并对他人、社会、自然关系给予历史的和未来的多种可能性、关系进行明智、果敢的判断和选择。

（2）“翻转”的过程是学生智慧发展的过程。翻转课堂由于突破传统课堂教学的时空限制，将“最合适的教学过程”安排在“最合适的时间”，使接受学习与探究学习有机结合，优势互补，有利于解决传统教学的两大“顽疾”：一是无暇顾及学生学习差异的问题；二是对创新能力培养缺乏重视的问题。翻转的过程，就是碎片知识的学习与整合创新的过程。与智慧发生的过程有异曲同工之妙。因此，翻转课堂不仅有利于知识的学习，更有利于学生知识应用、创新能力的培养和智慧的发展。翻转课堂是手段，更是价值；是术，更是道；是谋略，更是哲学。从价值层面看，它是智慧课堂，是以“联通”为手段，以发展智慧为目的的智慧教育。明确这一点，不仅有助于提高翻转课堂教学的品位和品质，使其不局限于为应试教育服务，也有利于智慧教育的发展。

3. 翻转课堂在英语教学中应用的必要性

（1）有利于提高学生的学习主动性。首先能够让同学们有学习的主动性，提高学生的学习积极性。传统的英语专业的学生学习上是依靠老师讲课，被动地接受知识输入。这种教学方式很容易使学生的接受知识程度不一致，老师也没有好的方法去充分了解学生掌握知识的程度。面对知识水平不一致的同学，接受的程度参差不齐，满足不了各个档次的学生的要求。但是翻转课堂的加入使老师的教学更简单，对学生的知识把握状况更全面。运用翻转课堂教学使同学能够充分自由地按照自身状况学习，变被动为主动的学习状态，可以根据自身感兴趣的知识学习英语，从而更容易掌握，进而提高自身的学习信心，满足自身发展的需要。老师们只要在课堂上激励同学们提出问题，阐述自我认识和观点，起到了解和促进学生知识发展的作用就可以了。让学生充分发挥学习主动性，从而促进英语教育的发展。这也是高校英语教育利用翻转课堂教学形式所要达到的目的之一。

（2）有利于培养学生的综合素质。大学翻转课堂的运用还能够培育学生的综合素质，传统的教学过程，老师们没有很多的多媒体资源可应用，随着翻转课堂的应用，使老师们可以在课堂上为学生带来更多的动画视频、英语听力材料等各种英语教学资源，给学生提供一个良好的听、读、说的学习环境，学生在不断接收新知识的刺激下，能够提高学习兴趣和信心，同时增加了见识，提高了综合素质。这些都是高校开展翻转课堂并落实到位的必要性。

（3）有利于加强师生、生生之间的互动。正式开展课堂教学之前，由学生自主学习，针对教师给予的资料，以小组为单位，成员共同探究，以此形成自己的观点。在课堂教学过程中提出自己的问题，与教师以及其他同学共同讨论，将相关任务落到实处。在此期间，学生占据课堂主体地位，教师扮演推动者的角色，正式进行课堂教学之前合理制作视频，随着课堂教学的开展，为学生提供指导。翻转课堂模式可大幅增强学生与学生之间的互动。

4. 翻转课堂教学设计

（1）翻转课堂教学内容设计。

①教师课前导学部分。教师首先应将即将学习的内容、重点、方法、步骤、要求以及应注意的问题告诉学生，并且提出一些问题要求学生在学习过程中思考，也就是要让学生明确下一步学习的目的和任务。

②学生课外自学部分。教师在选择学生课外自主学习的内容时，应基于两个原则，一个是应选择较容易或中等难度的内容，使学生在学习时既感到不那么索然无味又有一定的挑战性；另一个原则是选择不是特别重要的部分，即使学生自学时理解得不够透彻也不会对其他知识的学习造成重要影响。而对于重要性较强和难度较深的知识点也可以让学生进行一个前期的自主学习，也就是学生对这样的知识点有了一定的粗浅了解之后，教师再深入地讲解；或者

虽要求学生全部学习，但课堂上教师依然要把难点和重点部分再系统地讲授一遍，让学生对照自学的不足，或把自学过程中产生的疑问弄清楚。

③教师课堂精讲部分。教师课堂精讲的部分应该是难度较大或重要性较强或需要拓展的内容。难度较大的内容，学生自学起来可能有一定困难，通过教师的讲授可以使学生更深入地理解这些内容；重要性较强的内容，一般来说虽不一定太难，但往往也不是最简单的内容，由于其可能对其他知识的理解产生重要影响，因此教师讲授，可以加深学生的印象；需要拓展的内容，往往是学生想不到的，由教师介绍也非常适合。由于教师是精讲教学内容，因此学生也会珍惜听取教师讲授教学内容的机会，更加认真地学习。

④课堂师生研究部分。课堂师生研究的部分应该是应用知识灵活解决现实问题的部分，或者通俗一点说就是案例解析部分或习题部分。将这部分放到课堂，有利于教师及时发现学生学习的盲点、启发学生进一步深入思考，并使学生掌握研究方法，在解决实际问题中积累经验。

（2）教学活动设计。

①教学活动分组。在翻转课堂教学活动中，多数是以3人以上的小组形式来完成教学任务的，因此怎样合理地划分小组也是决定课堂教学活动能否顺利进行的一个因素。因为学生的个性化、差异化，教师在分组时应考虑学生个性差异、学习习惯不同、学习态度的好坏和现有的知识水平差异等各种因素。如有的学生英语基础好，有的学生计算机能力强，有的学生擅于调动学习氛围具有领导才能等。所以，教师在分组时必须保证学习小组是差异化地存在着，且有一位小组长来组织小组成员参与到学习活动中，并督促他们主动学习，从而顺利完成小组活动，达到提升教学效果的目的。

②师生活动设计。翻转课堂使得学生在课堂上有大量的时间展开生生、师生间的互动活动，帮助知识的内化吸收，而如何使课堂变得高效率，培养学生个性化学习和合作学习有效结合成为了教学关注的重点。学生不再如传统课堂时期一样脑袋空空，而是带着各种疑问来到教室，迫不及待地来解决问题，积极地参与到各种教学活动，合作探究，解释疑惑。

需要特别指出的是，语言和背景文化教学都是英语的教学内容，针对听

（语音）、说（词汇）、读（语法）、写（语言运用技巧）四个不同能力的要求组织不同形式的教学活动是师生活动设计的关键。

第三节　跨文化大学英语生态教学模式

一、全球环境问题概述

所谓全球环境问题是指超越一个以上主权国家的国界和管辖范围的环境污染和生态破坏问题。全球环境问题包括气候变化、臭氧层破坏、生物多样性减少、大气及酸雨污染、土地荒漠化、国际水域与海洋污染、有毒化学品污染和有害废物越境转移等问题。这些问题在性质上具有普遍性、共同性，因此有些环境问题普遍存在于地球上，其引起的全球环境变化，威胁着人类的生存。探索全球环境变化的机制，提出解决全球环境问题的科技手段，以更好地管理“地球生命支撑系统”，实现经济社会的可持续发展，已经成为国内外科技界共同承担的重要历史使命。

经过几十年的实践和探索，国际社会普遍认识到，除自然因素外，环境问题实质上是由于发展不足、发展不当以及对环境伦理观念理解的差异造成的。全球环境问题的产生是工业化的结果，也是全球化的结果。随着人类活动范围的扩大，全球范围内的经贸合作越来越密切，导致与贸易相关的新型全球环境问题的产生。工业化、全球化所产生的环境外在问题并没有被各自的国家内部化，反而影响到了国际社会。

国际环境问题间越来越相互关联，公约间也面临着加强合作和相互协作的挑战，因此，国际环境问题越来越多地与政府、经济、贸易和社会密切相连。任何国家的环境问题，在全球化时代，都有可能演变成全球的政治、经济和外交问题。“环境无国界”是国际上出现的一个重要政治理念。它认为，一国内部的环境问题可能对地区乃至世界安全构成威胁，倡议建立对主权国家内部环境问题的国际干预机制。

二、英语教育生态分析

（一）英语教育生态概述

世界上任何语言系统都不是孤立存在的，都置于一个与它紧密联系、相互作用、不可分离的生态环境之中。它的产生和发展都与自然、社会、文化、人群等环境因素密切相关。语言与它所处的生态环境构成生态语言系统。从生态学的原理来说，教育领域中的各个单元有着大小不一的生态系统。英语作为大学课程中一门公共课也有其自身的生态系统。英语教育生态是一种特殊的生态，是一个人为构建的生态系统，是由许多相互作用、相互影响的因素构成的生态整体，隶属于语言生态学的研究范畴。

（二）英语课堂生态的结构探讨

生态系统结构包括两种：形态结构和营养结构。形态结构指生态系统在内部和外部的配置、质地与色彩。营养结构指以营养为纽带，把生物和非生物紧密结合起来，构成以生产者、消费者、分解者为中心的抽象结构。形态结构包括内部基本构造和外部呈现形态。一个生态系统的基本构造是比较清楚的，由生物（按功能可细分为生产者、消费者和分解者）和非生物环境（可分为无机物质、有机化合物和气候因素）构成，它们之间相互作用。如果具体到特定的生态系统，则生物的类别和个体、环境的构成等均有所不同，而且会因为受到营养结构的影响出现不同的外部呈现形态，因此不便用统一的图形来表示，但内部的基本构造仍然可以抽象出来。因为营养结构中的生产者、消费者、分解者是依据它们在生态系统中的功能而划分的，而与分类类群无关，所以它们又称为生态系统的三大功能类群。来自太阳的能量通过生产者的光合作用或化能作用进入生态系统，逐级流动，形成生态系统三大功能类群的营养结构。

依据自然生态的基本内部构造和营养结构，我们可对英语课堂生态进行分析。英语课堂的基本构造可以简化为人（课堂生态主体）和环境（课堂生态环境）两个维度，“人”相当于自然生态系统中的生物，英语课堂环境相当于自然生态系统中的非生物环境。其中“人”可以细分为教师和学生，英语课堂环境可以细分为教材、教学手段、课堂布置、教学氛围、师生关系、规章制度等，英语课堂生态系统中的这些生态因子相互作用、相互影响、相互依赖，共同构成一个生态整体。

英语课堂生态中的基本营养结构是：教师是生态系统里的生产者，将来自外部世界和自我经历的信息（知识）消化转换，以学生能够吸收的方式通过英语课堂环境传授给学生，学生消化分解这些信息（知识），再通过英语课堂环境给教师一定的反馈。

（三）英语课堂生态的功能分析

凡是系统都具有功能，系统的功能指由系统行为引起的、有利于系统所处的环境中某些事物或整个环境发展和存续的作用。这里所说的系统行为是指系统相对于它所处的环境表现出来的变化。生态系统有三大功能：能量流动、物质循环和信息传递，它们共同维持着生态系统的正常运转。

课堂生态是教育领域里的一个微观生态系统，因此也具有生态系统的一般功能。具体地说，课堂生态的功能就是指课堂生态系统内部各生态因子之间的相互作用或系统与外部环境之间的相互作用给系统内、外带来的积极作用，这种作用只能在系统与环境的相互作用过程中才会表现出来。结构和环境决定系统的功能。

课堂生态在形态结构上表现为教师、学生、课堂环境相互作用而形成的整体，在营养结构上表现为系统与外部环境的物质、能量、信息交换与传递，以及师生依靠教学活动完成系统内物质循环、能量流动和信息流通，维持系统的正常运行。在这样的结构和环境中，课堂生态系统会对系统组分、系统本身以及系统所处的环境产生怎样的作用？结合课堂生态的性能和生态课堂的表征，笔者从系统对内部结构、内部关系、系统整体以及社会所产生的作用，归纳出了英语课堂生态的四大功能。

1. 优化结构的功能

英语课堂生态的基本结构是相对稳定的，由课堂生态主体和课堂生态环境组合而成。英语课堂生态的营养结构也是比较清楚的，教师生产知识，学生消费知识，环境在过程中起着媒介作用，在这点上教材扮演着重要角色，学生通过对教材的学习丰富自己的知识，提升自己的能力。但是，随着人们生态理念的加强，许多固有的格局被打破，如教材不再是知识的唯一载体，网络和多媒体成为重要的知识载体。教师不再是知识的唯一提供者，学生可以互相学习，环境本身也具有一定的教育功能。学生不再是知识的被动吸收者，而是知识的体验者、探究者、发现者和创造者。在这些生态理念的推动下，英语课堂生态因子之间的互动随之发生变化，英语课堂生态逐渐由传统型向建构型、共建型等新的生态结构演化，在此过程中，英语课堂生态系统得到不断优化。

2. 调谐关系的功能

教师和学生是英语课堂生态里面的生态主体，他们之间的关系是英语课堂生态的重要构成和主要关系。师生关系是流动的、互为依存的，通过课堂教学活动不断调整变化。生态视野下的英语课堂追求师生之间更多的交互，提倡学生更多的课堂参与，这些教学活动给系统输入了新的动能，促成了一种新型的互相尊重的和谐师生关系的诞生。此外，生态视野下的英语课堂打破了传统课堂中教师和学生二元对立的模式，重视主体间性，强调学生与教师之间、学生与学生之间、教师与教师之间的多元互通。

在师生交互的过程中，必然伴随着情感的交流，情感信息在各种生态因子之间发生流动，形成情感交流的动态网络。学生的情感态度会影响教师的教学，教师的情感态度会影响学生的学习，师生在教学生态中不断通过反馈自我调整情感，有利于师生关系的和谐。同时，英语课堂生态中主体与客体的关系也通过系统的反馈不断优化，师生关系更加和谐。

3. 促进演化的功能

生态系统的正常运行必须依靠系统与外部环境的物质、能量和信息交换以及在内部的流通，这是系统动力的源泉。英语课堂生态是一个社会生态，系统的能量并非来自太阳，而是来自师生的课堂交互活动以及系统外部环境的影响。

良好的师生关系、好的教学方法、好的学习资源、正面的社会期待等都能对英语教学产生促进作用。系统的信息主要来自教师对外部英语学习资源的转化以及自身的生产创造。伴随着能量和知识的输入，系统内产生了驱动力、信息流和智能流，它们在系统内流通，促进了师生的成长和环境的优化，促进了系统的运行和自然演化。最初来自外部环境的知识和智能最终通过学生的消化吸收，以自己对社会的贡献等方式返回到社会大生态中。

4. 生态育人的功能

生态系统最根本的功能是提升生产力，英语课堂生态的根本功能是培育人才。这里的生态育人包含两层意思。

（1）生态主体的共同成长。人是教育的核心元素，育人是教育的根本任务，所以课堂生态的功能归根到底是育人的功能。和谐与共生是英语生态课堂的根本属性，教师和学生的共同成长是英语生态课堂的最终目标。传统英语课堂主要关注学生的发展，英语生态课堂尊重生命的光彩，包括教师和学生。而且，教师的成长和发展又会反过来促进学生的成长和发展，生命的共同成长就会进入良性循环。

（2）生态主体的均衡发展和可持续发展。传统英语课堂主要关注学生的学业成绩，把学生当作产品批量生产，学生的能力提升和情感体验被忽略。现代英语课堂生态更加关注人的全面、个性发展，提倡多样性共存。

可持续发展指对学生的培养要更加放眼长远，注重自主学习能力的培养和终身学习理念的传输，最终通过人的可持续发展促进社会的可持续发展。

三、英语生态教学模式构建

（一）英语生态教学模式构建原则

1. 生态性原则

生态性原则主要是指教师在英语教学中，以生态的视角为研究路向，以生态学研究方法为主要手段，以生态学理论为主要依据，以生态化为价值取向，观察、分析和解决课堂生态失衡问题。

就英语生态教学模式的重构而言，坚持生态性原则，首先是坚持以生态的视角来认识课堂及课堂教学的本质，观察、发现和分析课堂教学中所出现的问题。从传统教育学的视角看，课堂是进行各种教学活动的场所，课堂教学是教师在课堂上传授知识的过程，课堂教学问题是影响教学效果的方方面面的问题。然而，从生态的视角看，课堂在本质上是一个微观生态系统，课堂教学就是生态系统通过各生态因子之间的交互而实现能量流动和信息传递的过程，课堂教学问题实质上是课堂生态系统结构和功能上的问题，包括结构上的失衡和功能上的失调等。要构建英语生态教学模式，教师就必须从生态的视角认识英语课堂的身份，认识英语课堂的生态性，主动发现英语课堂生态系统中所出现的各种问题，分析英语课堂生态系统之所以出现失调和失衡的原因，因病施治，对症下药。

坚持生态性原则，其次体现在以生态学研究方法为主要手段。作为跨越教育学和生态学两个领域的一门独立学科，教育生态学借鉴了这两门学科的研究方法，并在吸收系统科学研究成果的基础上有所发展，主要路径是通过类比的方式将生态学研究方法移植到对教育问题和教育生态的研究中，坚持跨学科研究、融会贯通系统论、协同论、耗散结构论等系统科学的研究方法和生态学的方法技巧，坚持从整体、分层、系统、协同等多维度研究教育生态。研究教育的微观生态，教育生态学有时也运用现代科学技术手段，采用精确的定量分析和实验，对教育系统的细小部分进行详细的研究；研究教育生态系统，要把握系统的全部基本要素及其动态情况；抽样调查法、统计学方法、类比法、观察实验等方法都可以采用。研究英语课堂生态，可以运用课堂观察、教学实验和综合分析的方法，融会贯通生态学、系统科学和教育学的相关理论，研究英语生态教学模式中各组分的结构和功能，研究它们之间的相互关系、它们与系统整体的关系以及系统整体与外围环境之间的关系，探究英语课堂失调和失衡的原因，找出应对策略，从而构建和谐的英语生态教学模式。

2. 人本性原则

人本性原则就是坚持以人为本。在构建英语生态教学模式的过程中，教师必须坚持以人为本，具体来说，就是以学生为中心，建立和谐的师生关系，实现师生共生的价值追求。

以人为本是人本主义教育思想的核心内容。人本主义教育思想古已有之，中国古代传统的儒家“人本”教育思想承认人的高贵，肯定人的价值，认可人的潜力，重视人的个性。认为教育的功能就在于帮助人们发现自己的高贵，认识自己的价值，发挥自己的潜能，发展自己的个性，实现自己的价值。

20世纪五六十年代，美国兴起了人本主义教育思潮，崇尚心智潜能的自由运用和个性和谐发展的教育理念，肯定人的价值和尊严，认为教育的目标就是促使人潜能的实现。根据人本主义思想，每个人都有各自的价值，都有不同的潜能，都有差异化的个性。教育的过程，就是帮助每个人发现人的价值、发挥人的潜能、发展人的个性、获得自我实现的过程。我国当代教育人本论的核心思想也是“以人为本”，以人性为本位，尊重、关心、理解、信任每一个学生，帮助学生发展个性，实现自我。不同历史时期的人本主义教育思想虽有所不同，但具有一些共同的特征：重视“全人”教育，以个体的全面发展为教育目的，重视建设和谐的师生关系，教学过程重视学生的主体作用。

（1）坚持以人为本，以学生为中心，就要确立学生在学习中的主体地位。在英语教学过程中，教师应认识到学生在英语习得中的主体作用，承认和尊重他们在学习中的主体地位。建构主义学习观认为，学习不是教师把知识简单地传递给学生的过程，而是由学生自己建构知识的过程。学生不是简单被动地接收信息，而是主动地建构知识的意义，这种建构无法由他人代替。因此，在构建英语生态教学模式的过程中，教师应转变观念，创造条件，努力增强学生的主体意识，激发他们的主体积极性，让学生有机会主动地选择自己的学习方式、学习环境、学习时间、学习地点、学习内容和学习速度；要相信学生的能动性和创造性，帮助他们变被动学习为主动学习，变依赖性学习为自主性学习，变知识性学习为能力拓展，使他们最终学会学习，将已有的主体性发挥到更高的水平。

（2）坚持以人为本，以学生为中心，需要倡导个性化教学。生态平衡的一个重要特征是物种多样化、个性化发展，要构建英语生态教学模式，教师也必须允许学生个性化、差异化发展。要充分利用现代信息技术的优势，大力开展英语个性化教学，促进学生自主学习和研究性学习。个性化教学内涵丰富：培养独特的、独立的、身心和谐统一的个体，是目的意义上的个性化教学；教师个性化教的过程和学生个性化学的过程就是过程意义上的个性化教学；针对不同的个体采取个别化、差异化的教学方法、模式和手段，就是手段意义上的个性化教学。

个性化教学就是要充分考虑师生尤其是学生的个体差异和个性特征，以学习者为主体，以个性化、差异化的教学方法和手段，促进学习者个性化地建构知识、发展能力和锻造品格，帮助他们最终获得自我实现。要合理整合现代信息技术与英语课堂教学，坚决改变传统的“以教师为中心”的各种做法；教师要摆脱传统课堂中权威者、全知者的角色定位，更好地利用现代信息技术，履行组织者、管理者、助学者的角色；教师要改变“一言堂”的知识灌输，让学生积极参与到教学活动之中；教师要改变过去批量化、方阵式的教育，改变过去求同去异、截长补短的做法，以便学生发展各自的特长。

（二）英语生态教学模式的内容

构建一个完整的英语生态教学模式，必须从教学目标、教学内容、教学方法、教学评价等方面综合进行。

1. 英语教学目标生态化

英语生态教学模式建立在语言教学目标的基础之上，而英语教学目标主要通过三个方面来确定，学生发展目标的确定、语言知识目标的选定和整体教育目标的实现。目前，虽然教育部对英语教学确定了完整、合理的教学目标，但在考试指挥棒的影响下，教学目标已经严重功利化，影响了学生英语学习的积极性和能力的培养。要想改变这一局面，我们首先必须要确立生态化的英语教学目标。

平衡和谐的英语生态化教学要关注学生的全面发展。因此，要让学生达到全面发展的目标，就要设法让我们的英语教学充满活力，要把英语教学目标确定为创造生命活力的教学，师生在教与学的过程中感受到生命的成长与活力，才能显现出育人的本质，达到育人的目标，促进学生生命的发展。传统的应试教学束缚了学生个性的发展，不利于学生的健康成长，更不符合英语生态教学模式的要求与宗旨。

2. 英语教学内容生态化

任何教学模式都不能离开教学内容，教学内容是在学与教相互作用过程中有意传递的主要信息，由课程标准、教材和课程等组成。对教师而言，在英语的具体教学内容上，一般包括语音、词汇、语法等语言基础知识和听、说、读、写四项基本语言技能，英语生态教学模式重视精选知识和学习资源的系统化、多样化，鼓励学生开展个性化学习，通过不同的学习方式和内容（如演讲、辩论、英语沙龙、各种比赛、课外阅读原著和英文报刊等）实现教学目标。

3. 英语教学方法生态化

英语生态教学模式的教学方法具有灵活性和切实性的特点。对于能促进学生语言知识、文化知识和人的全面发展的教学法都可以引入到英语生态教学模式中，该模式反对单一性和绝对性的教学方法。例如，传统的语法翻译法能使学生在相对短的时间内充分掌握知识要点，效率较高。沉浸法在传递英语国家文化知识方面更有优势。

英语生态教学模式倡导生态语言教学法、任务型教学法等，提倡培养学生的思维能力、促进学生的全面发展。注重培养学生的学习兴趣，激发学生的自主学习动机，尊重学生内心的情感体验，构建充满活力的英语生态课堂，强调教师与学生需要通过合作来完成教学目标。

4. 英语教学评价生态化

科学的英语教学评价采取发展性、多元化的综合考核方式，具有民主化、科学化、系统化等特点，通过建立情景的方式测试和提高学生运用语言的能力，侧重听说等运用知识能力的测试。

英语生态教学评价是多元化的评价内容，摒弃了传统的单一教师和考试成绩的评价系统，包括学习成绩、学习态度、学习策略等评价内容。包括学生的自我评价、学生间的互相评价、教师对学生的评价、学生对教师的评价等评价主体。

促进学生的未来发展是英语生态教学评价的根本目的，英语生态教学评价在评价形式上平衡和整合了形成性评价和终结性评价，把学生的学习过程和学习结果作为促进学生主体发展的助力器。

第六章

大学英语课程评价模式探索

第一节　大学英语教学评价概述

一、大学英语教学评价模式构建的原则

（一）主体性原则

教学评价的基本理念是从学生全面发展的需要出发，促进学生学习方式的变革。评价结果是对教学活动进行反思的依据，是对教学方法进行调整的信号。所以大学英语教学评价过程要以学生为主体，多方面评价学生的英语学习成效，以便教师对教学做出针对性整改，能够因材施教。要改变传统评价模式中以某些特定的标准为主，避免单一地对学生学习效果进行评价。要将学生的主体性发挥出来，要求学生对自身进行评价、同学之间相互评价，因为学生在英语学习过程中，对自己的学习情况最了解，知道自己在哪些方面有不足，设定的学习目标会更符合自身实际，这样可以让评价结果更加实际、客观。

（二）过程性原则

传统的英语教学评价大多数只重视结果评价，以学生的考试成绩作为评价学生学习效果和教师教学质量的唯一标准，而对学生的学习过程和教师的教学方式并不关注。这种“只看是什么，不问为什么的”评价方式，忽略了学生英语学习中的思维过程和表现，难以真正地对学生进行全面评价。过程性评价注重学生的英语学习过程，关注学生学习过程中的学习态度、学习体验，关注学生提出问题、讨论问题和解决问题的能力，更关注学生是不是学了、是怎样去学的、收到了哪些效果等方面的内容。既看其英语学习的结果，更看其学习的过程。这样的评价方式能全面地反映学生的英语学习情况。

（三）发展性原则

发展性原则是指英语教学评价要重视学生的发展。任何学科的教学评价都应该以促进学生的综合素质的提高为目标，大学英语也不例外，要通过科学的英语教学评价，促进学生进步发展。将学生所具有的英语专业知识和职业技能等与社会发展所需要的能力对应比较，对学生的英语知识和职业技能学习进行综合评价，促使每个学生在自己原有的基础上都能得到很好的发展。因此，具有发展性的英语教学评价是动态灵活的，评价要关注学生学习过程中的进步，哪怕是微小的进步，也是学生英语学习过程中的动态正向发展。

（四）激励性原则

一直以来，传统的英语教学评价在实际应用中被狭义地限定为教学测试，这就让教学评价的其他功能被忽视，只要有了学生考试的分数，就算完成了教学评价，没有让评价机制起到应有的作用。激励性原则就是说教学评价要能将学生的学习积极性调动起来，满足学生的成功动机需要，让学生通过相对全面的评价结果，能够看到自己的进步和不足，能用积极的心态投入英语学习。具体来说，鼓励性的教学评价要在评价结果中突出对学生的肯定，让学生的学习热情不受到打击。因为英语学习是长期积累的过程，可能有的学生一个阶段的学习之后并没有特别明显的进步，但也要对其有进步的地方进行鼓励，让学生能够在学习评价中获得成就感，促使其不断进步。

二、大学英语教学评价模式构建策略

（一）评价内容要尽量涵盖多方面

影响学生英语学习质量的因素比较多，主要包括学习环境、教师教学方法、自身学习态度、学习能力等。在这些影响因素里面，学生自身的学习态度和学习能力对于英语学习有很重要的影响。因此，对学生的教学评价内容主要围绕学生的学习态度及学习能力进行。学生的学习态度主要包括英语课前是否进行相关知识的预习、在课堂上是否遵守课堂纪律、听课过程中和教师的互动情况如何、是否积极认真回答问题、课后对教师布置的英语作业是否认真按时完成等。学习能力主要包括对英语新知识的接受能力、英语专业知识运用能力、在学习过程中的自学能力、解决问题的能力、与其他学生合作学习的能力、在学习期间有没有参加过英语知识技能相关的比赛、有没有获得相应的奖项等。确定了评价内容，要对每项内容进行合理的赋分，原则是对可以量化的内容进行科学赋分，而无法量化的，要尽可能地从多角度对学生进行考查后，再进行合理赋分。比如，学生是否遵守课堂纪律、课堂表现情况如何、有无参加英语技能比赛等都可以直观表现出来，可酌情提高这些指标的分值。

（二）丰富教学评价方法

教学评价的方法要尽量多元化，教师要依靠平时课堂教学中的观察、课外和学生的交流以及阶段测试来对学生进行评价。课堂观察需要教师多留意学生在课堂上的表现，例如从学期开始，就记录学生的出勤、回答问题等情况，通过长期观察，教师就可以对学生的学习态度、学习风格有基本的了解。课外交流可以很好地拉近师生之间的距离，教师也能了解学生更多的个人学习情况以及对英语学习的需求，既可以根据学生的学习情况对其进行指导，也可以根据学生反映的问题来改进自己的教学方法、进行针对性解决。交流过程中要以鼓励为主，尤其是英语水平较差的学生。对于英语基础较差的学生要引导其进行自我比较，只要这个阶段比前一阶段表现好就是进步，应该得到表扬，这样会让学生有学习成就感。阶段测试是检验学生学习情况的有效方式，主要考查学生对英语知识的掌握情况。可以结合教学实际，在期末测试的基础上，增加单元测试、小组作业、期中学习自我反思等方面的内容，提高学生的合作能力、反思能力等。要让英语学习成为一个长期持续的过程，要让学生能稳步提升英语专业知识及技能，要使学生认识到英语成绩的提高都是平时踏实努力学习的结果。

（三）综合运用形成性评价和自我评价

形成性评价是通过对英语教学活动的科学诊断，为正在进行的教学活动提供反馈信息，让英语教学过程一直良性发展。形成性评价是教师和学生对教学模式的评析，可以反映出英语教学过程中存在的问题，更加侧重的是教学方法的优劣比较。而自我评价是学生在英语学习过程中，根据自己的英语水平和实际学习情况，对自己学习成果的评价。学生自我评价是在结合自己学习能力、期望的学习成果等基础上进行的，在进行自我评价时能做到客观全面。因此，学生自我评价的侧重点是每个学生个体对自我学情的评价，从中找出影响英语学习成果的因素，找到解决方法。同时，自我评价还可以让学生自查自己的学习状态和效果，进步了就能满足学生对成功的需求，会更有学习的热情，这样就能真正做到善学、乐学，这比被动学习的效果要强得多，可以让学生更加容易获得学习成就感。将形成性评价和学生自我评价结合起来，可以更好地查找英语教与学中存在的问题，进行针对性解决。二者的综合运用，要和英语教学过程同步进行，贯穿于整个英语教学过程，细化到每个教学单元，甚至每个课时，让教法更科学、学法更适合，既要以教促学，又要以学论教。同时，对学生评价也不宜采用统一的标准，包括评价的方法是不是规范也不应该过分强调。只要通过学生学习过程中的表现，能了解学生的听力、日语表达、阅读、写作等方面的英语专业能力，能探索出更加适合学生学习的方式，促进学生英语专业技能的不断提升就可以了。

三、进行英语教学评价时需要注意的问题

（一）评价过程要客观公正

英语教师对学生进行评价，过程要严格，不能按照自己的情感对学生进行随意评价。要按照评价的内容，结合平时的教学过程，对学生进行客观的评价。有的评价内容需要将学生自评、互评的结果综合考虑，因为不同的评价主体可能会对相同的评价内容得出不同的分值。教师要将学生评价的结果和自

己的评价结果进行比对，看看在同一评价内容上的分值有无差异，差异大还是小。如果差异较小，说明评价过程比较客观，如果差异较大，需要和学生进行交流，看看评价主体是如何理解一些评价内容的，有没有存在理解偏差，有没有认真地进行评价，要尽量让评价结果更加有说服力。此外，需要注意的是，基于OBE教育理念的教学评价更强调学生的主体地位，学生自评和互评也是教学评价中重要的部分。但如果有学生为了获得较好的成绩而进行不真实的自我评价，就失去了评价的意义。因此，英语教师要付出精力和时间，平时多对学生进行观察，对学生的学习情况有基本的了解，防止学生进行虚假的自我评价。

（二）正确看待评价结果

大学英语教学质量受到诸多因素的影响，评价内容只是将主要的影响因素考虑在内，很难全面地将英语教学过程中的问题都反映出来。此外，评价的过程也会或多或少地受到教师或学生主观因素的影响，因此，评价的结果并不是完全绝对的客观而全面。这样，不同学生之间的评价结果，如果分值相差不多，就不一定说明学生之间存在差异。因此，评价结果要合理使用，不能完全按照评价结果将学生人为地划分优、良、中、差几个等级，而要注重学生的自我横向比较。但是如果学生连续几次的评价结果分值都比较低的话，就说明其学习过程存在问题，教师要及时地帮助学生查找不足，找出解决问题的办法，帮助学生进步。这也是教学评价在英语教学中反馈功能的积极表现。

第二节　大学英语课程多元评价模式

大学英语课程是大学必修课，针对大学英语教学教育质量，适应当前经济的发展，全国大学外语教学指导委员会历经多次修改，逐步将跨文化交际能力作为除语言目标以外的教学目标。2020年，教育部高等学校教学指导委员会

（以下简称教指委）重新修订了《大学英语教学指南》（以下简称《指南》）明确提出大学英语课程思政的要求，使得当前的大学英语在内容上更加丰富，进而对大学英语的测评产生了一定的影响。如何对已经融入跨文化交际能力和课程思政的大学英语课程进行有效评价以有利于课程建设，保证课程质量，促进大学生长远发展是当前最紧要的问题。评价与测试是大学英语教学的重要组成部分。有效的评价与测试对于大学英语教学将起到良好的反哺作用，是推动大学英语课程效果不断改进的有效手段。根据《指南》（2020版），大学英语评价与测试的总体目标是推动大学英语课程的改革和发展，不断提高大学英语教学质量和大学生英语能力。自20世纪80年代中期以来，大学英语课程评价的主要方式从标准化考试到多元评价，将评价视为改进教学的手段，近年来，大学英语课程评价内容进一步丰富，更加重视对教学过程和效果的形成性评价。

语言评价一直是大学英语教学的重要促进手段。一方面，语言测评是检测语言学习、提供教学反馈的有效手段；另一方面，测试成绩常被用作决策依据，决策风险高低有别，高风险测试的结果会影响考生、相关机构乃至整个社会。考试与教学的关系密切，考试反拨效应研究能够为测试形式与内容改革及语言教学提供有效反馈。考试具有积极的导向作用，能够服务教学，因此可以从评价方式、新题型研发与测试反馈等方面着手，发挥考试的促学功能，不仅可以采用个性化的评价方式，还可以设计新题型来提高学生的语言综合应用能力。

尽管在测评方面有很多的理论和实践研究，但是在实际教学中，跨文化交际能力自身设计的因素较多，如跨文化意识、跨文化态度，且将语言英语能力和跨文化交际能力结合在一起进行测评并不容易，而且教学材料的限制，外语教师本身在跨文化交际能力方面意识不足等因素，大学英语教学实践中并不能有效地实施跨文化能力测评，加之新《指南》融入了课程思政的因素，语言教师如何评价融入课程体系的思政内容还未可知。另外，由于外语教师习惯了基于培养外语语言能力的语言训练式的教学，教学内容集中在语言知识和语言技能，课程思政对于大部分教师来说是个新的挑战。根据我们的经验除了总结性评价，在课程综合测评中教师们主要采取的评价方式是形成性评价与总结性评价相结合的方式，评价的内容也主要是语言能力为主，并不一定有针对性的测试跨文化交际能力和课程思政因素。因而如何将英语语言和课程思政结合形成测评的促进作用，以提升大学英语的教学质量，满足国家语言战略发展的需求，培养具有国际视野的复合型人才，仍然还需进一步挖掘。

一、大学英语的测评现状

（一）大学英语综合测评体系现状

基于对课程评价的概念的理解，大学英语课程评价界定为：评价者应当依据大学英语课程的目标，以系统化的方式收集课程设计、教学实施、教学效果、师资队伍建设等各环节的相关信息，采用科学的分析方法，判断大学英语课程的内在品质（即是否达到了预期的质量标准）和外在效用（即是否满足了社会对大学生英语能力的需求），以推动大学英语课程改革，实现提高大学英语教学质量的目标。大学英语是系统性课程，对课程体系的评价需要多样化的评价方法，如此才能充分发挥评价的审核和发展作用。教学评价体系一般由评价主体、评价内容、评价方式和评价标准等因素构成。我国传统的大学英语课程的教学评价比较单一，重语言轻能力，重结果轻过程，重全面轻个体，因此需要根据需求调整评价体系，依据建构主义、多元智力理论以及欧洲参考框架来构建评价内容、方式和标准，来促进语言学习者的综合能力。

随着社会文化环境的不断变化，大学英语课程的评价内容不断丰富，一线教师以及管理者都致力于探索更加有利于学习者发展的评价方式。随着大学英语课程评价与测试改革的进一步深化，大学英语课程综合评价体系，从“对课程的评价”转向“促进课程的评价”。由于能够对教与学的过程进行跟踪、监督和反馈，形成性评价已经成为大学英语教学评价的重要手段。而且大学英语教学评价应多维度地体现出学生的表现，应该注重学生的个性发展，提升学生理解能力、动手能力、应用能力以及创造能力等综合语言应用能力。

在宏观层面上，大学英语课程的评价体系有了大致的方向，但是在实际的教学实践中，由于各方面的原因，如教师测评素养的缺乏、学校政策层面的限制，或者测评条件不满足等因素，使得教师在进行形成性评估过程中目标不明确。现有的文献大多是针对某一特定技能评价的实证研究，有个别整个课程的综合性研究，随着多元智能的广泛流行，还有部分基于多元智能理论的综合评价体系的构建。然而，从总体上看来，大学英语语言能力的评价尽管有不尽如人意的地方，但相较之前还是有了比较大的发展，包括形成性评价的不断增加，单一技能评价方法创新，发展性评价概念的逐步普及等。而对于整体评价体系的建设，比较高质量的、完善的、促发展的评价体系还很少见。

（二）外语教育中的跨文化能力测评现状

大学英语教学中跨文化能力的培养仍处于起步和探索阶段，存在着培养方式不成体系和教学零散、片面的问题。跨文化能力的概念在美国已经有近60年的历史，而将跨文化能力与语言能力相结合是欧洲学者麦克·拜拉姆（Michael Byram）1997年在其著作《跨文化交际能力的教学与评估》首次明确提出外语教学的目标是跨文化交际能力，进而提出了“跨文化言说者”（intercultural speaker）的概念，阐明了外语使用者所具备的跨文化能力要素。

在我国将跨文化交际能力和外语教学结合的是1991年毕继万、张占一在“跨文化意识与外语教学”中就跨文化意识和外语教学之间的关系进行了讨论。由此拉开了语言教学和跨文化能力之间关系探讨的序幕，文秋芳将跨文化交际能力分为交际能力和跨文化能力，加强了跨文化外语教学的实际可操作性。而后随着跨文化概念的逐步普及，跨文化能力培养逐步进入国家教育政策层面，2008年的《大学英语教学指南》中明确指出外语教学的目标之一是提升跨文化能力。与跨文化交际和跨文化冲突有着千丝万缕的联系的外语教育成为跨文化教育最大的平台。

在此基础上语言能力和跨文化交际能力的结合进一步对于大学英语教学效果的评价提出了新的挑战，如何将语言能力与跨文化能力结合进行测评成为跨文化外语教学的重要问题。尽管跨文化交际能力进入大学英语教学目标多年，在教学过程中和教学评价中都还未能受到重视。一方面，大学英语教师自身的跨文化意识和能力不足，不管是具体的教学过程还是测评都还很受限制；另一方面，跨文化能力作为教学目标并没有明确出现在测试中，教师们对此并没有太多的在意，而实际上对跨文化能力测评本身就是一个比较复杂的过程，并不是单纯测试就可以解决这个问题。Byram（2014）指出，跨文化能力测评中存在的问题是测评与语言教学目标的匹配度不高。而这也非常符合中国大学外语教学的现状。

对于具体的教学实践中，如开展跨文化交际能力评测，比如谁是测评主体，具体的测评目标是什么，怎么达成这些目标都不容易确定。虽然依据跨文化能力模型制定了相应的量表，但是这些量表由于学习者主观的自我报告和实际情况不一定相符，从而降低了测评的可信度，由此质性和量化相结合的方法是最有效的测评手段。国内的跨文化能力测评主要以量表为主，如高永晨、吴卫平等都在跨文化交际能力量表的开发做了相关研究，鲜见质性和量化相结合的方法，目前大多相关跨文化交际能力研究独立于大学英语课程的各个教学环节，还没有学者将外语教学中的跨文化能力培养与英语课程评估相结合进行研究，因此廖鸿婧等实施了相关实证研究，探索外语教学中的跨文化能力培养在课程体系方面的实践途径，来测量学生的跨文化能力水平，细化跨文化能力维度，并对英语课程相关因素进行点对点的分析，也为外语教师实践跨文化能力培养目标找到了落脚点。然而在实际的大学英语教学中大规模的测评仍然需要实证研究来保证可实施性，当然在一线的外语教师首先自身要有意识和素养来确保实施。

有学者认为跨文化外语教学的主要目的是培养学生对两种或多种文化进行解释、关联的能力，增强学生的批判性思维能力，使其能够客观地评价本国文化和外国文化，能够将知识和技能应用到实际的交流和互动中。培养学生的跨文化交际能力，教师是主体、是指导者，在一定程度上教师的教学行为影响学生跨文化交际能力的形成与发展。由此可见，跨文化外语教师的关键作用。另外跨文化教学的测试和评价需要结合语言测试和评价，适应语言和文化教学的动态需要，符合大学生文化学习的阶段性特点。所以，在实际的教学中符合中国大学生语言阶段的跨文化能力测评体系才是最合理的有效的测评手段。

（三）课程思政维度测评现状

2020年课程思政在国家政策层面成为大学英语教学目标的一部分。以立德树人为核心的课程思政是时代发展的要求，也应该是外语教育的重要组成部分。如何将课程思政因素融入大学英语教学体系还要进一步探索，文秋芳提出评价主体多元化也是思政育人的重要体现方式。除教师外，评价人还应包括学生个体和同伴。教师可要求学生自评和互评，因为一个学生能否正确评价自己、评价同伴，不仅是语言水平问题，而且能够体现学生是否具有自我反思能力、合作学习能力和见贤思齐的学习态度。教学评估具有指引作用，在整个教育过程中起着导向的作用。而且国家语言政策也要求各学科研究制订科学多元的课程思政评价标准，评价要基于教学需要和教学效果开展，制定出符合特定专业的人才培养目标的测评方式。同时课程思政的外语教学可以形成性评价为理念，强调学生学习的过程，在过程中形成正确的价值观，学会用外语讲好中国故事。然而计划、实施和评估大学英语课程思政项目，是一个多方面交融的、复杂的过程，大学英语课程不仅要致力于提高学生的语言综合运用能力，而且要兼顾学生价值观的塑造、跨文化交际能力的培养，这无疑给测评过程增加了维度，也是测评困境的主要原因。尽管如此，在有限的相关课程思政的文献中不乏带给我们启发的研究。有研究对外语教材进行了分析，指出语言学习的内容要与思政内容进行融合；教师可以通过教学设计帮助学生在分析问题、解决问题的过程中实现价值观的塑造，通过教学活动引导学生在新的语境中自觉践行正确的价值观。也有学者基于CIPP模型对大学英语思政进行评价，融过程性评价和总结性评价于一体，评价过程突出了背景、输入、过程与成果的闭环作用，细化学生分层，推进学生的长足发展。由此可见，大学英语教学实践中思政的过程性融入是促进教学发展的一种手段。

总之，从现有文献来看，对于大学英语课程思政的评价还都处于理念上的延伸，包括对评价主体，教师和学生。形成性评价过程，强调过程内容的融入，但是对于具体评价过程怎么实施还不是很多。这不仅在于课程思政融入大学英语课程的理念提出的时间尚短，外语教师对于具体的语言教学和思政教学还需要进行一段时间的消化；其次，一线英语教师的课程思政素养也需要进一步提升，结合语言与思政结合的测评还需要更多挖掘。

二、大学英语课程多元评价模式展望

有鉴于此，通过以往的文献，我们可以看到大学英语课程在单纯语言层面就已经呈现出较多元复杂的情形，而跨文化交际能力和课程思政因素的融入增加了测评的复杂性和难度。然而课程内容的丰富依然需要更优的测评，不仅保证先期教学的质量，更要促进学生的发展。所以依据现有的课程体系有以下展望。

评价主体上，作为评估参与的对象，教师和学生都可以根据情景和目标的需求参与评估，可以进行教师评估、师生共评、生生互评。教师作为质量的衡量者主导评估的过程，为教学评估做好指引；师生共评避免学生过于主观化，失去评价效果；而生生互评可以帮助学生从别人的表现中发现自己的问题，改善自己的表现。因此要求教师自身要提升评价素养，并尽可能地对于学生进行有目的的培训，才能达到较好的评价效果。

评价内容上，大学英语的教学目标涵盖了语言教育目标，跨文化能力目标和课程思政育人目标。在具体的教学实践过程中，内容上既要考虑到大学英语听、说、读、写、译的语言技能，还要涉及跨文化交际能力中包含的跨文化意识、跨文化态度、跨文化知识以及跨文化行为等因素，而课程思政的立德树人因素还需要进一步分解融入，内容的庞杂也导致了形式的多样化，为满足现代教育的发展需求，各种因素都考虑在内是必然趋势。另外在教学实践中由于教学过程的动态性，教师和学生具有各自的能动性，所涉及教师和学生的投入、情感、态度等非教学内容的因素也可以融入教学测评，由此才能达到更优的学生全面发展的教育目的。

评价方式上，由于评价内容丰富，所以多元的形成性评估应该会成为主要的评价手段。大学英语四六级考试，大学英语等级量表或者跨文化交际能力量表都可以作为多元评价的辅助手段，既可以作为诊断问题的手段，也可以作为最终能力的评估。而日常教学中的形成性评价，包括课堂评价和表现评价应当目标明确，既满足信度也满足效度，通过评价来促进学习者学习的发展。形成性评估为主，多元评价方式包括课堂评估、表现评估、诊断测试等手段充分利用，才能有效评估教师的教学和学生的学习过程和结果。在大学英语教学评价体系呈现多元化的情形下，先进的技术手段和网络学习平台能提供有效的评价。国内许多网络学习应用技术比如学习通、U校园、雨课堂等平台都具有部分的测评功能，以帮助实施和完善测评过程。线上测评的好处在于老师们可以按照自己的需求涉及测评内容，线上题库可以满足部分老师测评素养的不足。多种方式的结合更有助于有效评估学生的学习过程和结果。

评价标准上，由于大学英语课程体系内容丰富，形式多样，评价主体多元，在标准上也要顺应需求，采取多元标准。根据维果斯基的最近发展区的观点，动态的评估评价是学习者特定状态下的表现，能更有针对性地采取相应的调节措施，促进学生的长远发展。而且每个学生差异较大，在不同的情境下表现不一样，在评价标准上自然也会呈现多元化的趋势。教师作为教学主要指导者和评价者，应当具备良好的测评素养，发现学习者的具体问题所在，提出有效的调节指导。

对于大学英语的评价超越语言本身是时代发展的需求，跨文化交际能力和课程思政的逐步融入也是大势所趋。在大学英语教学实践过程中，基于语言测评素养的内容，充分挖掘跨文化能力和立德树人的课程思政的因素，带给教师们很大的挑战，无论是评价主体，还是评价内容、评价方式以及评价标准上，都需要更多的努力和智慧。

第三节　OBE教育理念下大学英语评价模式

OBE教育理念是1981年斯派狄（Spady）提出的，也被称为成果导向教育，这个理念认为，学生的学习过程应该是合作、发展的过程，而不是相互竞争的过程，强调每个学生都可以成功。因此，OBE理念是根据学生应该具备的能力，设定教学目标，组织实施教学活动，更加注重学生学到了哪些内容，有哪些进步；教学过程由以教师为中心转为以学生为中心，注重个性化教学。在此理念下，英语教学评价也应该重视过程性评价，在动态的过程评价中，注重对教师教学策略和学生学习方式适时进行调整，以便让英语教学质量更高，学生的英语专业技能水平逐步提升。

一、OBE教育理念对大学英语教学评价的启示

传统的大学英语教学评价模式过于依赖终结性评价，而且终结性评价又以笔试成绩为主要的评价方式，这种静态的评价模式难以对学生进行全面评价，也会使部分努力但没有取得好成绩的学生受到打击、学习热情逐渐低落，不利于学生英语学习的持续发展和英语能力的提升。OBE教育理念倡导以学生为本，提倡教师根据教学成果来反向进行教学设计，根据教学目标来选择相应的教学方法，帮助学生提升专业能力。在OBE教育理念下，大学英语教学评价过程应该多方面、多角度地对学生的学习效果进行评价，要注重学生能力的多元发展，让教与学的过程真正结合在一起。要根据学生需要具备的专业技能，将学生的学习成果具体化，通过多方面的内容、多元化的方法来评价学生的学习情况。

为使我国大学本科教育更好地适应新时代对人才提出的“德才兼备、知识多元、能力复合”全方位发展要求，迎接新工业革命浪潮与人工智能的挑战，近年来，我国在有条件的高校，积极推进以OBE教育理念为指导的大学教学改革，意在通过教学改革推动大学英语教学的发展，从以质量监控为主转变为以持续改进为主，这样的改革，其意义与作用不言而喻，具体表现在以下三个方面。

（一）OBE大学英语教学中的作用

OBE是指教学设计和教学实施的目标是学生通过教育过程最后所取得的

学习成果，这种成果导向教育的优越性有三点：一是评价教学优劣的标准是看学生理论联系实际的实操能力，而不是纸上谈兵；二是OBE要求学生调整学习方式，从传统的解决固定问题形成的思维定式中解放出来，从而历练出具有完成创造性任务的能力；三是OBE要求学生具有独立自主精神，能够独立解决一些具有较高难度的问题，如能承担项目策划与实施等。这样的任务既能培养学生的发散型思维，又能培养学生精于辩证思考、长于实际操作、敢于质疑、勤于研究、善于创新和勇于担当的能力。将学生培养成为具有这种“全面型”能力的现代化人才，既是国际一流大学的教育宗旨，也是大学应对教育国际化、科技数字化、世界网络化的根本途径，特别是对担负着融通中西文化使命的大学英语教学改革更是意义非凡。

（二）与大学英语教学的关系

将OBE教育理念融入大学英语教学模式，能大力提升学生的发展后劲，有效解决困扰大学英语教学中存在的“考过四六级”，毕业后学生英语能力仍然退化严重的老问题。目前很多高校的大学英语虽然应用了“慕课”“微课”等现代化“网络”教育资源，但在教学实践中以固定教材为本，以课堂讲授为主的教学模式仍占主流地位，因此教学评价机制以期末考试、结业考试、平时考核和作业为主要手段。虽然这种评价方式比单纯的一次性评价有很大进步，然而通过多次实践可知，已有的大学英语教学评价体系的漏洞较多，难以激发学生的学习积极性。同时，偏向于考察卷面成绩，学生为了得高分经常选择临阵突击的学习方式，用以应付考试。这种应付考试的学习方式虽然能使一些学生在考试中“踩线”过关，但考试之后，“突击复习的知识”基本上都会忘掉，更不要期望为终身学习奠定基础的长久之计了。而将“OBE”理念融入大学英语教学模式，随着教学进度的提升，要针对性地设置教学目标，并在每一个教学阶段内开展科学评价，则有可能成为解决学生毕业后英语退化严重问题的可行性措施。其中，最重要的是按照OBE“人人都可以成功”的原则来设计教学方案，为不同英语基础的学生提供不同的学习模式，创设适应学生个性化学习的条件。这种教学模式在短期看能最大限度激发学生的学习兴趣，充分调动学生的学习积极性；从长期看“可有效解决我国高校在人才培养方面存在的问题，推动学生综合素质的不断发展，从而使学生成为更符合社会需求的高素质人才”。

（三）OBE的成果导向目标与大学英语教学“融通中西”的文化使命相适应

作为一种语言，英语是文化交流的桥梁和纽带。因此英语教学不应局限在为掌握英语语言而学习英语的思维中，而忽略跨文化交际能力的培养，导致其偏离大学英语教学最开始设立的目标。在新推出的大学英语教学目标中已经明确指出，大学英语教学的核心目标，在于培养学生英语综合应用能力，这种能力分写作、阅读、交际等多个方面。其中，交际能力是大学英语教学的重中之重，学生的英语交际能力在一定程度上决定了未来的发展。同时，大学英语教学还要培养学生的自主学习能力，使其在终身学习的背景下，能更好提升自身的综合素养，满足我国对高素质人才的需求。因此，交际能力的培养成为大学英语教学的关键任务，其根本目标是在“融通中西”的国际视域中起到文化的传承与发展作用。而实现这一目标，需要大学英语教学中，不仅教导学生的英语基础知识，还要帮助学生了解西方文化，并能利用英语更好地表达本民族文化，推动本民族文化向世界范围内传播和发展，实现以文明交流超越文明隔阂，以文明互鉴超越文明冲突，以文明共存超越文明优越，推动各国相互理解、相互尊重、相互信任，携手并肩打造人类命运共同体的世界梦。正是从这个意义上看，大学英语教学任务艰巨，挑战严峻，而且随着高等教育大众化的到来，现在普通高校学生英语基础差、英语学习意愿不强，这又给大学英语教学增加新的难度。而OBE的成果导向目标理念的引入，则为应对新时代大学英语教学的困境提供了科学路径。

二、构建OBE教育理念下多元复合型大学英语教学评价模式

广义的课程评价是指搜集和应用信息来做出有关课程的决策。狭义的课

程评价则是用于测试并记录教学质量，探究按照明确的目标所使用的教学内容和教学过程的效果。亦即“教之效果在于学”是进行教学评价的初衷，这与OBE理念下大学英语教学坚持的“以学论教”的评价原则不谋而合。也就是说，“教得怎么样”要通过“学得怎么样”来评价。因为大学英语教学评价是对其工作质量做出测量、分析和评定。把教师、学生、教学目标和内容方法等因素有机结合的过程和结果作为评价对象，是对教学活动的整体功能做出的评价。“正确的教学评价可以起到探明、调节、改善和提高教学效率的功能，是教学活动中必不可少的环节”。鉴于“OBE”理念在大学英语教学中的成功运用，构建起与之相适应的教学评价模式就是必然选择，这些评价模式主要有以下三种。

（一）构建与课堂教学、模块教学等多种教学形式相适应的综合评价模式

这种综合评价模式主要包括“形成性评价”与学生的“自我参照评价”相结合的评价模式。形成性评价是通过诊断教育方案或计划、教育过程或活动中存在的问题，为正在进行的教育活动提供反馈信息，以提高正在进行的教育活动的质量。自我参照评价是学生根据自己的学习情况，自己对自己的学习成果所做出的评价。因为自我参照评价标准是学生按照自己的学习经验、学习风格、学习进度、期望学习成果等根据自己实际情况定制的，所以在进行自我评价时既能实事求是，又能对自己在知识的理解程度、应用能力等学习目标方面逐项进行对标评价，从而收到“自我查找影响成绩的原因、自我对症解决问题”的效果。如果说形成性评价是教师和学生对课堂教学与模块教学等教学模式的精准评析，对师生在“教与学”实践中“听说读写译”等综合能力方面存在的问题进行全方位诊断性评价，侧重点集中于教师的教法优劣比较。那么学生的自我评价焦点就是每个学生的学情自我诊断，焦点是精准找出影响学习成绩的原因，以期找到解决问题的最好方法。而将二者结合起来进行评价，主要是为了找准教学中“教与学”两个方面存在的问题和改进方向，便于及时调整教学活动方案，以期获得更加理想的效果。形成性评价与学生的自我参照评价

相结合，要注意与教学同频共步，既注意掌握应用评价标准的科学性，又注意评价过程的相对性和期望性；既注重教法的科学，又注重学法的适切；不用统一的要求来衡量所有学生，也不能过分追求评价目标是否标准、方法是否规范等事项，因为评价的核心目的是通过学生在学习过程中的表现判断每位学生的学习效果和水平，并且据此探索出更加符合学生实际发展情况、有利于激发学生学习动力和信心的教学方式，从而成为促进学生终身学习和发展的重要手段，也是对OBE关于“人人都能成功”理念的具体运用。

（二）构建同“微课”“翻转课堂”等现代化教学模式相适应的评价方法

过程性评价有别于传统的评价方法，重视教学全过程中教师收集到的信息，利用过程性的信息，教师可以更直观、准确地了解学生的学习情况，并分析出自身教学工作中存在的问题，从而针对性地调整自己的教学方式。此外，学生也可以通过教学质量评价对自身的学习进行反思，不断优化自身大学英语学习模式，使教师能通过直接观察学生的动作、语言等现象进行分析，推测出学生对自己所讲授内容的理解程度和需要改进的方面。这种评价方式不仅具有及时性和灵活性的优点，还能通过对学生与学生、教师与学生等不同角度的个性化分析，把评价延伸到教学过程的所有视域，贯穿于教学全过程，从而形成对教学情况进行更科学有效的激励性评价。如果教师和学生经常在这种评价方式中进行教与学，实践中就会自然而然地养成过程性评价的习惯，并将这种习惯内化成师生共同遵守的一种自觉行为，从而保证教学活动的科学高效。

达成性评价是针对传统教育的比较性评价提出的理念，也是与“OBE”强调“自我比较”相适应的概念。与传统的比较性教学评价在学生中间分出优、良、中、差等不同等级相反，达成性评价的重点在于强调自我比较，而不是学生之间的比较，强调学生是否已经达到了自我参照标准。这种评价方式符合“循序渐进”的教学原理，其成功目标容易达到，又能在心理上满足学生对成功的需求，因而能从心理内驱力方面点燃学生学习的激情，使学生始终处于“乐学、善学”的最佳状态。将过程性评价与达成性评价结合，就是把过程性评价中的互动性、及时性、灵活性，与达成性评价中的独特性、不可比较性有机融合，促使师生从不同角度进行总结，发现问题，凝聚共识，精准定位师生教与学各自的努力方向和阶段性目标，从而保证教学活动始终运行在“和谐、科学、高效”的轨道上。

（三）构建与“OBE”理念中“人人都能成功”原则相适应的发展性教学评价模式

如果将与大学英语教学活动相关的各种教学方式都视为“OBE”理念下的“扩展课堂”，那么对这种广义概念上的“扩展课堂”教学评价就必须有与其相适应的评价模式，而发展性评价模式就是最契合实际的选择。因为发展性教学评价源于“发展性教学理论”，此理论自20世纪70年代传入我国后，在教学改革中影响很大，以此理论为指导的教学实验、教学评价等改革在全国大中小学各个学科中都有实验和应用，并且在实践中取得了本土化与创新性的成果。例如，与此理论相关的发展性教学评价模式，以及与“OBE”理念相关的“达成性评价”模式等。构建与“OBE”理念中“人人都能成功”原则相适应的发展性教学评价模式，就是要发挥发展性评价理念涵盖多种评价方式的统帅作用，综合运用各种评价模式，整合各种评价模式反馈的信息，在交叉与重叠的信息中寻找提高大学英语教学效率的真正价值，在差别性评价与个体性评价中寻找调动学生学习积极性的动力源。

第七章

英语教学中跨文化交际能力的培养

第一节　英语教学中跨文化交际能力的培养原则

一、英语教学中文化导入的基本原则

（一）实用性原则

实用性原则要求导入的文化内容与学生所学的语言内容密切相关。文化教学紧密结合语言交际实践，要使学生对语言与文化关系的认知更具体、更实际、更能激发学生学习语言和文化的兴趣，产生较好的良性循环。正如英语应用语言学家Swain（1985）所说的那样，在英语教学中应首先清楚“哪些是英语学习者已经知道的，哪些是不知道的，然后再确定教学内容和重点”。语言教学也是文化教学，清楚文化在语言各个层面上的不同映射，可在教学实践中做到目标明确，重点突出。

（二）适合性原则

适合性原则指所有文化学习项目都应和教材有关，主要指在教学内容、教学方法上的适度。教学内容的适度指应考虑到该文化项目的代表性，主流文化和广泛性内容的导入重点应放在当代文化内容的引入。教学方法的适度就是要协调教师讲解和学生自学的关系，鼓励学生进行大量的课外阅读和实践，增加文化知识积累。

（三）持久性原则

在千变万化、日新月异的国际形势下，与不同文化的人们交往已成了新的生活方式。人们面临新的课题，那就是应该设法成为具有跨文化交际能力的

现代人。因此，在英语教学中，目的语文化应持久、系统和循序渐进地导入。通过对比学生母语和目的语语言结构与文化的异同，能使他们获得一种跨文化交际的文化敏感性。另外，通过介绍目的语的文化习俗、词语典故、历史事实等，能够引起学生对所讲解材料本身的极大兴趣，从而达到使学生潜移默化地学习文化知识和语言知识的目的。总之，社会文化知识的学习应结合语言知识的学习，跨文化交际能力的培养也应和听、说、读、写、译等语言技能的培养结合，把知识文化和交际文化的内容贯穿于听、说、读、写、译等各种技能的培养中。而这些技能的培养又以长期系统地培养学生的跨文化交际能力为最终目的。

二、英语教学中跨文化交际能力的培养原则和方法

学生学习英语的目的是获得交际能力，而交际能力的提高依赖于语言知识和各种非语言知识的逐步积累。教学中，在强调语言知识讲练的同时，应向学生传授与语言知识有关的各种其他知识，包括语境知识、语用知识、文化知识，并特别注意培养学生的跨文化意识。

（一）英语教学的普通原则与特殊原则的关系

培养学生的跨文化交际能力不仅要遵循英语教学的普通原则，还应当始终贯彻一些特殊的原则。特殊原则与英语教学的普通原则相辅相成，互相促进。所谓的特殊原则可综合为以下几点。

1. 语法原则

把语法知识的讲练放在一定的地位，并突出不同于学生母语语法的难点。

2. 交际原则

把语言结构与语境和功能结合起来，使学生了解语言结构和语言功能表达的多样性，并得体地运用语言进行交际。

3. 文化原则

采用对比分析方式使学生了解不同民族语言的文化差异，学会不同文化

交际模式，增强语言交际的跨文化意识。

这三条原则能够反映语言交际能力培养的客观规律，有助于处理语言交际能力培养活动中的各种矛盾和关系。

（二）跨文化交际能力的培养原则在教学中的具体体现

1. 正确处理语言能力和交际能力的关系

只有了解并掌握不同文化背景知识，人们才能够在各种交际活动中识别目标语文化所特有的言语和非言语行为，并且能够理解和解释其社会功能，从而在交际中有意识地注意语言的使用环境和场合，自觉地遵守目标语的使用规则，达到有效交际的目的。由此可见，掌握一定的语言知识并不意味着能讲合乎规范的得体的语言。语言能力的提高是交际能力培养的基础，交际能力的具备是语言学习的最终目标和任务。在英语教学中，教师既要注意给学生打下扎实的语言知识基础，使学生掌握正确的语言形式，又要重视学生交际能力的培养，做到两者兼顾，并行不悖，使学生既是语言知识的掌握者又是语言知识的运用者，能够恰当、得体地运用英语进行交际。

2. 注重中西文化异同比较，培养学生跨文化交际的意识和敏感性

语言能力的获得主要在于语言知识的掌握，而语用能力的获得关键是要具有跨文化交际的意识和敏感性。文化差异的敏感性可以分为四个阶段：第一阶段是对于表面的明显的文化特征的识别，人们的反应通常是认为新奇，富有异国情调；第二阶段是对于细微而有意义的，与自己文化迥异的文化特征的识别，反应通常是认为不可置信或难以接受；第三阶段与第二阶段近似，但区别在于通过道理上的分析可以接受；第四阶段是能够从对方的立场出发来感受文化。这四个阶段是循序渐进、不断提高的过程。教师应根据学生的具体情况以及教学内容，有所选择、有所侧重地对中西文化的异同进行比较和分析，通过这些对比和分析，学生能从表面不同的语言现象中找到文化的共性，从表面相似的语言现象之间发现文化的差异，拓宽自己的文化视野，强烈感受英语语用规则的异同，加深对文化交际得体性原则的认识，从而获得一种跨文化交际的意识和敏感性。

3. 模拟真情实景，加强文化背景知识的教学

在学习过程中，绝大多数学生不可能到目的语国家，直接接触其文化，直接观察使用语言的各种场合，感受目的语在实际运用过程中的各种使用规则和文化背景。但是，教师可以针对具体的教学内容，通过各种手段来模拟和展示交际的真实情景，把孤立、静止的语言材料或话语材料变成具体可感的、活的语言，使学生了解语言的社会功能，掌握语言在真实情景中的应用。教师可以充分利用现代教学手段，如电影、录像等，根据教学要求，有针对性地加入文化内容，展示英语国家的交际场景和过程，让学生间接感受语言在具体环境中的实际使用，增强跨文化交际的感悟能力。同时，教师还应以学生为中心，以教学内容为基础，开展形式多样、生动活泼的课堂教学活动。有效形式之一是角色扮演，模拟真实的交际活动。在具体的角色扮演中，学生可以通过交际活动，提高实际运用语言的能力并发挥自己的创造性。教师对学生的角色表演或对话应及时进行讲评、总结，指出存在的问题，或者就某些具有代表性的问题引导学生开展讨论，让学生发表自己的看法，在争论中明辨正误，加深理解，增加印象。通过这样有针对性的语言实践活动，学生能在不自觉中习得文化背景知识，获得社会语言学方面的敏感性。

4. 利用文化教学，直观感受文化差异，培养跨文化交际意识

教师可充分利用一切可利用的教学手段，创造一种文化语言环境，使学生自觉或不自觉地体验异国的文化氛围，可以通过收集和利用一些有关英语国家的物品和图片，让学生获得较直观的文化知识，了解外国艺术、雕刻、建筑风格和风土人情；利用电影和电视引导学生注意观察英语国家的社会文化等各方面的情况；还可以组织英语角、英语知识讲座、英语晚会等。这些做法无疑会给学生提供很大的帮助，增强学生的跨文化交际意识。

（三）如何处理交际能力培养中的各种关系

1. 语言交际能力培养中的“教”与“学”

在培养语言交际能力的教学活动中，必须认识到学生是学习活动的主体，“教”通过“学”才能起到作用，“教”必须为“学”服务。因此，在培

养语言交际能力的教学中，应该贯彻“以学生为中心，以教师为主导”的原则，避免只强调以教师为中心而忽视学生的作用，或只强调以学生为中心而忽视教师作用这两种倾向。教师的主导作用表现在组织激励、示范、参与和指导。教师要了解学生的特点，不断排除学生的心理障碍，激励学生的学习主动性和积极性。总之，课堂是舞台，教师是导演，学生是演员，应该充分发挥学生的主观能动性。

2. 语言能力向语言交际能力的转化

必须把语言当作交际“工具”来教和学，尽可能做到“教学过程交际化”，鼓励学生创造性地运用语言表达自己的思想。为了让学生掌握语言形式并养成习惯，在初级阶段要适当采取听说法所强调的句型练习等机械训练方式，必须重视语言知识的教学。但是，语言知识的教学要为培养语言交际能力服务，通过各种语言的训练把语言知识转化为语言技能和语言交际能力。

3. 语言交际能力培养中的交际功能、语言结构、交际文化相结合

在交际功能、语言结构、交际文化这三者的关系中，语言结构是基础，交际功能是目的，交际文化教学则是重要内容。学生掌握语言，首先要掌握语言结构（包括语法结构和语义结构）。掌握语言结构是获得语言能力的基础。学习语言结构是为了语言交际，因而结构是为交际功能服务的。结构教学必须与功能教学紧密结合，结构教学不能把重点放在结构分析上，按照人类言语活动从意念到言语形式的顺序，必须从交际功能出发进行语言结构教学，而不是按照传统的从形式到意念的顺序，以教授结构为出发点。突出交际功能的教学既要考虑语言结构的系统性，也要注意交际功能的系统性。交际文化教学要为语言交际服务，文化教学是语言教学中不可缺少的一部分语义和语用的教学，作为语言交际能力一部分的社会语言能力、话语能力和策略能力的培养，都离不开交际文化教学。交际文化教学要紧密结合语言教学，从交际功能出发揭示语言交际中的文化因素，介绍目的语国家的基本国情和文化背景知识。交际功能、语言结构、交际文化的三结合应贯穿语言交际能力培养的全过程。

4. 语言交际能力培养中的语言知识和技能

第二语言的获得是“规则的学习”与“习惯的养成”两方面相结合的结

果，反映在教学中需要正确处理语言知识与技能的关系。适当的语言理论和语言规则介绍必不可少，因为这是语言技能的基础。但是，必须认识到语言课首先是语言技能课，不仅要进行听、说、读、写语言技能训练，而且为了培养语言交际能力，还需要进行有关的语用规则、话语规则和交际策略的语言交际技能训练。

5. 听、说、读、写的关系，口语与书面语的关系

语言交际能力要求各方面协调发展。听、说、读、写四项基本技能和口语与书面语互相促进、互相制约，都是语言交际中不可缺少的。但不同的学习阶段侧重点又有所不同。初级阶段应该突出听、说，或者适当地听说领先，特别强调听力理解，是符合语言学习规范的，但也不能放松读、写。中级阶段听、说、读、写并重。高级阶段侧重读写，但听说训练仍要紧抓不放。在语体上，初级阶段侧重于口语，中级阶段适当从口语转向书面语，从中级阶段后期开始，加强两种语体的区分和转换。高级阶段要特别加强书面语的教学。

6. 课堂的“内”与“外”的关系

语言交际能力不是仅仅靠课堂教学就能培养成的，还要重视学生的语言社会实践，提高社会文化的语用能力，以促进学生语言的自然习得。为此，必须让学生走出课堂，到社会文化的大课堂中去练习、去领会，加大语言输入，提高社会交际能力。加强课外活动和社会语言实践，并把它们与课堂教学结合起来，更多地给学生提供运用英语的机会，形成课上、课下英语习得活动相结合的教学体系。

7. 言语交际中的句子、话语和语音、语法、词汇、语音、语法、词汇的教学

可以在不同阶段有所侧重，甚至采用分阶段教学的做法。但是语音、语法和词汇只有在句子或者话语中，才能较好地发挥交际工具的作用，因此应以句子和话语这两级语言单位为教学重点。句子是语言交际中表达完整意义的最基本的运用单位，是语音、语法、词汇的综合体；话语是语言在使用中的基本单位，它是由两个或两个以上的语段构成的，具有语法上的相似性和交际上的

独立性。句子和话语的练习必须在特定的情景中进行。

8. 语言结构、语义和语用

语言教学不是孤立的，要从实际意义出发进行语法教学，在进行句式教学的同时，尽量揭示该句式的语义和语用环境，以便使学生尽快理解所学的知识、正确地表达自己的思想。例如，以一定的话题或功能为中心，组织相关的语法、语义、语用构成一个单元。这样，语法、语义、语用都能为完成一定的交际任务服务。以上提出了语言交际能力培养中各种关系的处理方法，也从不同的侧面勾画出交际能力培养体系的轮廓。

（四）培养语言交际能力的教学方法

第二语言教学法按其主要教学特点可分为四大派：①强调自觉掌握的认知派，如语法翻译法、自觉对比法和认知法等；②强调习惯养成的经验派，如直接法、情景法、听说法、视听法等；③强调情感因素的人本派，如团体语言学习法、默教法、暗示法等；④强调交际运用的功能派，如交际法等。这些流派各有独到之处，也有不足之处，异彩纷呈，各领风骚，都为第二语言教学理论的发展做出了重大贡献。

任何一种教学法都有一定的侧重点，各有所长。但到目前为止，在英语交际能力培养方面还没有出现任何一种最有效的教学法。越来越多的人认识到，只靠一种方法是不能解决教学中所有问题的。语言交际能力培养不能单用一种教学方法，而要以语言教学的基本原则和语言交际能力培养的特殊性原则为指导，吸取各派教学法的优点，取长补短，形成一种培养语言交际能力的“综合法”。“综合法”既应重视语言功能的教学和交际能力的培养，又要加强语言规则的教学；既要强调以学生为中心，充分调动学习者的主动性、积极性，又要加强教师的指导作用。“综合法”要求根据不同的教学对象、教学阶段和教学条件选择不同的教学法。比如初级阶段宜用听说法，中级阶段宜用情景法、功能法，高级阶段可用交际法，同一阶段也可以交叉使用几种不同的教学法。

三、大学生跨文化交际能力结构模式

学生跨文化交际能力的结构模式是意识、知识、实践能力构成的综合性结构框架。意识知识和实践能力相辅相成：意识是前提，知识是基础，实践能力是关键。这三个层面又分别包含不同的要素。

（一）意识层面包含跨文化意识、文化相对意识和现实关注意识

跨文化意识是学生对目的语文化因素和母语文化因素及其差异的敏感性和自觉性。文化相对意识是摒弃民族中心主义、消除文化偏见的文化相对主义态度——文化只有差异而没有好坏和优劣之分。具有文化相对意识也是正确树立跨文化意识和成功进行跨文化交际的首要条件。学生还应具有关注文化现实、体验文化生活的现实关注意识。只有在现实生活中进行跨文化学习和跨文化实践，才能真正体会跨文化知识的价值和跨文化学习的重要性，摆脱大学英语学习枯燥乏味的状态。

（二）知识层面包含跨语言知识、跨文化知识和跨社会知识

知识是静态的，而跨语言、跨文化和跨社会知识可用于跨越障碍，用于语言之间、文化之间和社会之间双向动态的沟通。跨语言知识和跨文化知识分别涵盖母语和目的语语言知识、文化知识。学习大学英语的学生要比较全面地掌握汉语和英语语言知识以及中国和英语国家的文化知识，避免忽视一方而过于倾向另一方的偏颇。特别要克服强调英语语言文化而边缘化汉语语言文化的倾向。因为“有关本民族的文化知识能帮助人们理解异族文化”（Lustig&Koester，1999）。社会是语言和文化保持生命活力及发展变迁的大环境，是开展跨语言、跨文化实践活动的舞台。学生需要充分了解中国和西方国家的社会背景，努力缩短英汉两种语言和文化的心理距离，克服国内社会环境相对单一的局限，丰富跨语言知识、跨文化知识和跨社会知识。

（三）实践能力涵盖文化感知能力、文化调适能力、文化比较能力、非语言交际能力、专业结合能力和职业导向能力

文化感知能力的形成需要作为感知主体的跨文化交际者在提高自觉意识的基础上对自己原有的感知方式和习惯进行适度的监控和调整，突破固有感知方式的束缚，逐步发展出适应跨文化交际需要，更加灵活有效地感知素质和技能（任裕海，2004）。文化调适能力是跨文化交际者为了适应具体的跨文化环境调节自身文化行为的能力，直接影响跨文化交际的成败（Macionis，1998）。用“U”形图说明了文化调适的蜜月期、冲突期、恢复期和适应期4个心理阶段。学生要增强文化调适能力、缩短冲突期、尽快进入恢复期和适应期。文化比较能力主要是对文化求同存异和求异存同的能力。系统的文化比较能使学生充分认识到截然不同的两种文化在思维方式、价值观、社会习俗等方面的差异，真正领会母语文化和目的语文化的精髓，也能使教师明确跨文化教学的重点和目标，提高跨文化教学的效率。一切不使用语言进行的交际活动统称为非语言交际。跨文化非语言交际能力是知觉、理解和运用非语言行为的能力。学生需要提高非语言交际能力，改善交际风格，从而成功实现跨文化交际。丰富的专业知识和正确的职业选择是学生成才的关键。跨文化交际实践能力培养必须密切结合专业知识学习、未来职业选择。大学英语跨文化教学的根本出路应该是结合专业、面向职业、服务人生，帮助学生提高认识能力、思维能力和人文修养，培养更多的复合型人才。

意识—知识—实践能力框架内部各因素相互影响、环环相扣，并无顺序、先后和重要性大小之分。大学英语跨文化实践应基于宏观视角形成合力，不可偏废和条块分割。跨文化交际能力与社会发展、教育改革息息相关。结构因素和内部关系必然会变化更新，因此研究者应该具有整体、动态意识，避免孤立、静止的思维方式，不断推进跨文化交际能力的结构研究。

四、大学生跨文化交际能力实践模式

结构模式解决了“是什么”的问题，即学生跨文化交际能力的构成要素

及其相互关系问题，实践模式则提出了大学英语跨文化交际教学的基本原则和策略，致力于解决“怎么做”的问题，即如何提高学生的跨文化交际能力。

（一）基本原则

1. 系统性和综合性原则

文化具有层次性、系统性和综合性，跨文化涉及不同文化的物质实体、价值观念、社会习俗和行为方式。跨文化素质培养的系统性和综合性主要表现为：大学英语教材应系统合理地编排文化内容，增加文化信息的比例，避免残篇断简；文化教学系统地结合语言和文化，使其真正成为英语教学系统不可或缺的组成部分；教师应具有深厚的中西文化涵养，能够系统讲授文化知识，传授哲学理念、宗教思想等深层文化知识，提供完整的跨文化图景；学生在不同的学习阶段由易及难、从微观到宏观了解文化事件、文化背景等浅层文化知识，保证大学四年文化学习不断线。系统性、综合性原则是关系到基础性、根本性和全局性的问题，有利于应对跨文化能力培养的复杂性和艰巨性，避免单一导致的不平衡性。

2. 动态性和持续性原则

文化是一个动态的社会实践集合体（楼中平，2007），社会发展不断赋予文化新的内容和时代精神，学生跨文化交际能力的构成要素和内部关系也相应变化。跨文化教学的动态性和持续性主要表现为：丰富跨文化交际能力的结构研究，适时增加新的构成要素并调整结构内部关系，更新完善学生跨文化交际能力的实践策略（涉及教师跨文化知识的动态更新、学生对现实生活的动态认识和关注、师生之间动态和谐关系的发展、学习过程的动态变化、网络技术的升级改造、文化测试方式的演变等），体现社会动态和跨文化动态的结合，适应社会发展的需求。文化所包含的内容极其广泛，任何形式的跨文化培训都不可能穷尽一个文化的所有内容。因此文化同化和跨文化能力的提高没有终点，应该是一项终身事业（张红玲，2007），可见跨文化能力提高需要持续努力。大学时期的跨文化学习应该具有明显的阶段性，不同的阶段应该学习不同的跨文化知识，进行不同的跨文化实践，有不同层次的要求和测试标准，持续推进跨文化教学改革。

3. 生活化和现实化原则

生活化和现实化原则指大学英语跨文化教学应联系现实、表达生活、学以致用。社会在发展，语言和文化也随之变迁，大学英语教学应与时俱进，体现时代气息，不断更新发展。大学英语四、六级考试改革已经反映了“生活化和现实化”的趋势，这点在作文题目中表现得尤其突出。如“Create a Green Campus”和“How Should Parents Help Children to Be Independent?”联系生活和现实进行语言文化教学能增强学生对英语的亲近感、认同感，提高他们学习英语的兴趣。

（二）主要策略

1. 实施教师跨文化能力培训工程，提高教师的综合能力

跨文化外语教学的中心是学生、任务和学习。作为引导者、组织者和协调者的教师应该融会中西文化。根据夏纪梅（2002）的调查，90%的教师认为自己在大学英语课堂上的主要角色是“语言讲解者”和“语言示范者”，学生的主体地位被大大忽略了。提高教师的跨文化素质是实现跨文化目标的先导因素和基础环节，提高跨文化能力和跨文化教学能力是实施大学英语教师跨文化能力培训工程的中心任务，关系着跨文化教学思想的贯彻、跨文化教学方法的实施、跨文化教学活动的开展和跨文化教学目标的实现。1971年5月在美国芝加哥召开的以“迈向文化多元的教育和师范教育”为主题的会议提出，大学和教育学院应造就具有多元文化知识和能力的教师队伍，积极推进师范教育的多元文化进程。国内教师跨文化研究和实践较少，语言功底仍然是判断大学英语教师水平高低的主要标准，导致教师缺乏系统的跨文化知识、明确的跨文化教学目标和丰富的跨文化教学方法，在教学中偏重外显的文化信息和静态特征，忽视文化的深层内涵和动态特征。美国教育界曾提出完善教师跨文化能力的“学习、发展和参与”三阶段模式，侯瑞君（2003）、李俊芬（2006）和张红玲（2007）等也提出了提高教师跨文化能力的方法和策略。教师跨文化能力的培养是渐进的、多渠道的和多元化的。大学英语教学大纲需要明确规定教师的

跨文化能力水平，宏观指导教师跨文化综合能力的提高，教育管理部门需要制定科学的、系统的师资跨文化能力评价体系，学校应为教师创造更多的中外文化交流机会，教师自身也需要提高对大学英语跨文化教学的认识，掌握跨文化教材编选、教法应用等方面的技能。

2. 平衡语言和文化，突出导向功能

弗里斯（Fries，1927）指出，讲授有关民族的文化生活情况绝不仅仅是语言课的附加成分，不是与教学总目标全然无关的事情，而是语言学习各个阶段不可缺少的部分，不能因时间有无或方便与否来决定取舍。不懂文化规则和模式就不可能真学会语言。例如英语句子“To offer him money is to carry coals to Newcastle.”中“carry coals to Newcastle”的意思是“多此一举”；若不知道纽卡斯尔市是英国著名煤都这一文化背景，就可能将这一词组误解为“送煤去纽卡斯尔”。1996年美国修改了全国性的外语教学大纲，确定了文化的核心地位。目前中国大学英语教学中的语言和文化比例严重失衡：教学大纲缺乏明确系统的跨文化细目，教师授课过程过分强调词汇、语法等纯语言项目。因此大学英语教学大纲需要增补文化因素细目表，指导跨文化教学（刘爱真，2001）；教材应成为语言知识和文化知识的载体，充实跨文化内涵，纠正纯语言性偏向，结合文化背景知识和跨文化交际技巧设计课后习题；教师应该有意识地结合语言和文化讲授课文，用文化阐释语言，解决跨文化交际难教和难学的问题，克服学生单纯学习语音、词汇和语法知识等的不足，促使他们的语言能力和跨文化交际能力同步提高。

3. 比较中西文化，融会贯通

目前，大学英语教学过分强调英美文化，忽视母语文化，导致文化比较的缺失（肖龙福等，2010）。英语文化、汉语文化学习和英美文化比较同时进行，能够揭示英语文化的深层内涵，进一步理解汉语文化的本质特征。《高等学校英语专业英语教学大纲》对文化素养的教学要求就包括“熟悉中国文化传统”，大学英语教学大纲还缺少相关规定，教材更缺乏汉语文化信息。教师需要克服教学大纲的局限，寻求文化共性，发现文化差异。学生应该熟悉中西文化的基本差异，另外教师还要结合实例加深学生对中西文化差异的理解。例如，“红”在中国人心目中表示喜庆、幸运等；而英语中的“red”多意味着危险、气愤等。教材的编写应中西方文化并举，适当增加汉语文化知识，这对学生了解目的语文化和母语文化具有直接的推动作用，可使学生的中国文化水平和英语文化平同步提高。跨文化交际的文化制约并不是来自对目的语文化的不了解，而是来自对目的语文化和母语文化之间差异的不了解（杨学云，2010）。大学英语教学需要比较中西文化，关注中西文化的联系，克服跨文化障碍。

4. 教材结合英语新闻，与时俱进

现代社会的发展日新月异，凸显出英语教材不可避免的滞后性。英语新闻的来源渠道多样，具有时新性、广泛性、显著性和趣味性等特点，超越了传统文化的视野，有助于已有知识和新知识之间建立联系。学生对新鲜事物具有浓厚的兴趣和较强的敏感性，乐意接受并讨论国际上发生的事情，英语新闻便成为沟通课本和现实、联系课内和课外的良好渠道。英语新闻具有独特的语言风格和文体特点，教师应因材施教，适当选取符合不同阶段学生认识水平的新闻材料，最大限度地反映时代文化。例如采取音频和视频相结合及课堂典型讲解的方式，介绍英语新闻，鼓励学生发表看法，扩大他们的文化视野。例如，英语新闻能向学生提供“What Now for al–Qaida after Death of bin Laden?”“Europe Economic Recovery Setback”等文化信息。教师应鼓励和引导学生通过英语新闻深入生活、了解社会，缩短英语学习和应用的距离，实现从考试型语言学习模式到应用型语言学习模式的转变。实践证明，教材结合新闻能弥补教材的相对滞后性，使学生既能掌握课内基础知识，又能获得课外语言文化知识。这样英语学习也就能变得新鲜生动。

5. 引入文化测试，形成常规、完善的跨文化评价体系

测试和评价是课程开发和教学组织的发动机（Lange,1999）。文化测试是大学英语跨文化教学模式的必要组成部分，大学英语跨文化教学测试能够提高教师和学生对跨文化能力的关注意识，是正确评估教学过程和教学效果的重要环节。文化的复杂性和文化理解的主观性决定了文化测试与评估的艰巨性，因此文化测试的研究和实践是文化教学最薄弱的环节。文化测试的内容是什

么？文化测试的方法是什么？国内外学者对此进行了不懈的探索。语言测试学者valette的文化测试模式被认为是迄今为止影响最大、最成熟的文化测试模式（王振亚，2005：264）。张红玲是国内研究跨文化测试的主要代表人物。她系统地研究了文化测试内容及测试方法，认为文化测试内容包括文化知识、情感态度和交际技能3个层面，并针对不同的层面提出了相应的测试方法。文化知识测试采用填空、选择、正误判断等客观题形式，全面、系统地体现学习者对文化知识的掌握水平；情感态度测试和评价最难，宜采用社会距离等级法、语义级差法和跨文化发展模式等方式；交际技能（文化行为）采用笔试（设置模拟现实的任务要求，学习者书面回答）或直接观察学习者真实的行为表现进行评价；作品集文化评价法是对学习者文化学习过程中知识、情感和技能发展情况综合的、人性化的评价方法（张红玲，2007：294–313）。跨文化教学的测试和评价必须结合语言测试和评价，必须适应语言和文化教学的动态需要，必须符合学生文化学习的阶段性特点，必须形成常规，避免理论和实践的脱节，并制定符合中国大学英语教学特点的文化测试内容、测试程序、测试标准和测试评价体系。

第二节　英语教学中跨文化交际能力的培养策略

一、口语教学中跨文化交际能力的培养策略

众所周知，学习英语是为了以英语为媒介参与不同社会文化集团之间的科技、文化、知识、情感等的交流。而加强口语教学实质上是交际教学的一种体现。作为英语教师，应该把课堂变成一个充满交流的场所。因为，英语知识和交际能力的获得只有在具体的语言实践中才能获得，而这种交际必定是一种跨文化交际。因此，在培养学生口语能力的同时，也必须同时培养其文化意识和理解能力，使他们在文化交际中如鱼得水。所以，教师在英语教学，特别是

口语教学中要不断地给学生输入一定量的所学语言的文化知识，营造特定的文化氛围，要求学生不断地学习目的语国家的文化风俗，只有这样，学生才能正确认识跨文化交际中的文化差异，正确理解不同时间、地点、说话人的话语意涵，达到在多元文化中正确运用英语交际的目的。为此，在英语教学中可以采取以下措施来培养学生的跨文化交际能力。

（一）营造文化氛围，输入文化知识，重视文化实践

1. 强化背景知识的输入

在口语教学中，通过输入有关国家的风土人情、社会习俗、交际礼节、传统节日等知识，学生对有关文化背景有所了解。教师可在此基础上对目的语国家的文化与本国文化进行比较，从而进行有效的交际。

2. 掌握一定量的习语

习语是一个社会语言和文化的重要组成部分。习语不仅难于理解，更难于运用。能否正确使用习语，往往是一个人语言水平高低的标志。在口语教学中，不仅要教学生背诵一些教科书上的习语，还应该让学生多接触外文原著、电影、电视节目中的口语，并将这些习语跟汉语习语有针对性的比较，以加强这些习语在学生心目中的印象。同时，让他们了解有些习语因文化背景的不同而具有不可译性；有些习语因中西文化的思维差异，所指事物喻体不同，联想不一样而产生字面意思相差甚远而实际意义接近的情况。弄清习语的文化内涵，对增强英语实际运用能力是很有帮助的。

3. 组织情景对话，感受文化氛围

一般来说教师可给学生提供topics并设置情景，让两个或两个以上学生进行情景会话。也可模仿录像中的会话，对其中的一些习惯表达作出说明，并事先提供一定的表功能意念的句型；也可在口语课上带领学生排练英语节目，让他们沉浸在英语国家的文化氛围中。语言文化实践不仅可使学生对英语文化有进一步的了解，同时可以提高学生的发音水平和表演能力。

（二）注重文体学习，了解言语风格

文体学是一门既古老又年轻的学科，主要研究如何在适当的场合使用适当的语言，使语言交际达到最佳的表达效果。语言交际中的表达效果是由多方面决定的。它不仅取决于个人的语言基本功，还与一些非语言因素密切相关，如性别、年龄、职业、文化修养、社会地位、交际背景、场合、时间、地点、方式、内容等。这些非语言因素对表达效果起着十分重要的制约作用，因此，在口语教学中要引导学生了解、观察文体学非语言因素与文体风格对口语表达所产生的影响。

1. 文化修养与言语风格

一个有文化修养的人能无止境地发掘语言中存在着的无限的表达方式，他可根据交际目的、对象、内容等随机应变，做到言辞得体。因此，在口语教学中我们就要培养学生这种语言上的应变能力，教会他们有创造性地使用一些语言中已被固定下来的表达方式，或将自己母语文化中一些贴近目的语文化的表达模式运用进去，教会学生慎重选择话题，培养其思维与表达的逻辑性，提高其文化修养。

2. 年龄、性别与言语风格

人的年龄不同，性别不同，其言语风格当然是不一样的。因此，在口语教学中应向学生指出，哪些属于儿语，哪些属于成人用语，尤其应该指出的是，在使用禁忌语方面是有性别差异的。

3. 社会地位和职业与言语风格

我们都知道，教师对学生说话和学生对老师说话，在字句斟酌上和语气方面是不尽相同的。社会地位高的人用词文雅，而社会地位低的人用词通俗，不同职业的人对同一事物也有不同的说法。因此，在口语教学中应向学生区分这些词的用法，并让学生自己在理解了这些词的使用规则后，视情况需要作出恰当的选择。

（三）注重语音语调对交际的影响

要进行交际，首先要知道信息的传播和输入所依靠的基本单位——单词及其发音方式。如果辨识单词读音有困难，交际则根本无法进行。语音部分的内容，除了长短音、重音外，还有语流切分。语流切分是指人们在讲话或交流时，不是一气呵成，而是依据形成和表达思想的现实需要以及语言结构特点，将句子分成各种不同的组成部分。同时，根据感情表达的需要，在交流时往往带有各种感情，形成语调。每当话语中意思告一段落时，可以或应该出现停顿，这就是语意停顿。

很多情况下，学生常常感到奇怪，自己的发音虽然正确，但总感觉不够味，语流呆板、平淡。于是有的学生盲目模仿，结果形成一些不伦不类的“自造”腔调。其实，句子的语调在交际中因感情、态度、目的不同变化非常丰富。所以，在教学中，应该通过列举实例的方式，让学生体会在表达各种情绪和意图时所用的语调。恰当的语调可以使对方觉得语流自然，富有节奏。为了增强“听”的效果，在长句处理中，还应有停顿。停顿位置不同也会引起句义上的差异。

二、阅读课教学中的跨文化交际能力培养

阅读理解能力不仅包含阅读技能，也包含对目的语文化背景知识的掌握。因此，在阅读教学中，教师肩负着传授正确语言形式和社会文化知识的双重任务。语言词汇、语言结构的教学应与文化知识的传授有机结合起来，才能引导学生观察、学习不同语言的文化差异，减少他们对另一种文化的陌生感，从而避免人们常说的“文化冲击”（culture shock）。

（一）加强阅读中的词汇教学，注重诠释词汇的文化内涵

语言结构知识和尽可能大的词汇量是掌握任何一门语言的必备条件。然而，当学生不具备相关的背景知识，或对所读文章的上下文理解不充分时，就会造成理解上的困难。那么阅读理解与词汇的关系是怎样的？阅读理解与背景知识及上下文相关知识的关系又是怎样的？在教学中如何处理好语言知识和相关知识之间的关系？这些都是教学中面临并亟待解决的问题。在这里我们不妨

了解一下美国英语阅读理论发展的三个阶段，并从中总结出一些有益的东西，来指导我们的教学。美国现代英语阅读理论的发展大约经历了三个重要的阶段，这三个阶段的研究始终是围绕着阅读理解与词汇之间的联系而展开的。第一阶段是20世纪60年代中期以前，称为“古典阶段”，也是注重词汇的阶段。“古典阶段”的理论强调词汇是理解的基础，英语阅读是在弄懂词汇的基础上达到理解的，词汇不通就无法理解。第二阶段是20世纪60年代中期至80年代中期，称为“认知论阶段”，此阶段强调在阅读理解过程中，背景知识的作用大于语言知识的作用。“认识论”的逻辑是：如果不具备相关的背景知识，就会造成理解上的困难；语言知识的欠缺在很大程度上可以由背景知识来弥补。第三阶段是20世纪80年代中期以后，称为“对认知论的反思阶段”。这一阶段重新强调了词汇在阅读中的作用与地位。从表面上看，这三个阶段似乎形成了循环。但实际上，对认知论的反思阶段不是对古典阶段的单纯重复，也不是对认知阶段的片面否定，而是在两个认识阶段基础上的进步与发展。

在英语阅读课教学中，如果遵循“古典阅读”理论，片面强调词汇在阅读理解中的作用，而忽视了阅读过程中其他因素的作用，教学的重点势必落在词汇讲解和词汇训练上。试想，一篇好端端的文章在穿插了大量的词汇讲解和词汇认知训练之后，就会被分割得支离破碎、面目全非。学生充其量只是记住了几个单词或只言片语的内容，至于对文章的整体内容、主题思想、内部联系、引申意义等的把握就根本谈不到了。在指导阅读的过程中，应注重“认知论”同阅读课教学实际的结合。在认知论的指导下，每着手讲述一篇阅读文章时，都应向学生提供相关的背景知识，以便他们能很好地理解文章。大量的教学实践结果表明，学生在了解了相关的背景知识之后，对文章的理解并没有明显的进展。这是因为文章中的生词造成了他们阅读过程中的障碍，由于不知道词汇所要传达的准确信息，他们只好对文章的内容胡乱地猜测，使理解陷入盲目与混乱。同样一个词，尽管在两种语言中的指示意义、概念意义完全相同，但往往因民族文化的差异而产生不同的或相反的文化内涵，即发生不同的联想意义。显然，引导学生正确地理解词汇的文化内涵，以达到正确无误地理解阅读内容是阅读课的重要内容之一。

（二）帮助学生正确把握阅读中涉及的交际文化信息

人类的交际过程是一个十分复杂的过程。交际的成功与否取决于交际双方对有关交际文化因素的考虑与取舍。有篇文章讲述了这样的故事：一位美国人，30年前与一位丹麦姑娘相爱了。当他回到美国筹款准备结婚时，给她寄了一封信，里面只有一张纸条，上面定着约会的地点和日期“12/11/13”。但由于丹麦与其他欧洲国家的日期表示法的差异，结果导致了他们约会交际的失败。文章的末尾，作者解开了“He didn't keep the date because of a misunderstanding”之谜。通过阅读课上的讲授，学生们避免了混淆日期信号的语用失误，正确理解了“The different ways of writing the same date are different in different countries. The normal way of writing a date in America is to write the month first, then the day,and then the year. Take the example in the text：the date December 11,1913. To abbreviate the date,one would write it as 12/11/13. But in the European countries, the day comes first,then the month and then the year. So December 11,1913 would be abbreviated 11/12/13. In China the year comes first,then the month,then the day. It would be 13/12/11. ”上述事例表明，通过阅读帮助学生了解不同民族、不同文化的差异是英语教师教学中应注意的一个重要方面。

（三）通过阅读吸收社会文化知识

由于语言是文化的载体和结晶，它们必然会烙上民族政治、历史、文化、宗教、习俗的印痕。要掌握好英语就必须有足够的相关的国情知识，这样才能增强理解和使用能力。教师可以帮助学生学习、掌握不同的民族文化的巨大差异，从而培养他们的跨文化交际意识。背景知识、相关知识同语言知识同样重要，在阅读的过程中，两者都是帮助学生完成阅读理解的必不可少的条件，是阅读过程中不可分割的两个方面。处理好两者之间的关系，是搞好阅读课的关键。在阅读的过程中有两种活动同时双向地进行，并贯穿始终：这就是根据对阅读文章背景知识及相关知识的了解，对文章提供的文字信息及其含义进行选择、推测，达到理解；根据文字所反馈的信息核实英语教学应该围绕着一定规律而展开。

三、听力教学与交际能力培养

众所周知，人类思想感情的交流主要有两个方面：一是接收信息，二是传递信息。接收信息主要是通过听和读来进行的，传递信息则是通过说和写来完成的。要互相交流思想，首先必须具备听懂对方言语的能力，因此，具备较好的听力是思想交流的先决条件之一。人们学习英语的各种途径都离不开听，如看电影、看戏、听广播、听教师讲课、听录音等都与听力息息相关。由此可见，听力技能在学习语言和进行口头交际方面是至关重要的。因此，听力课是英语教学中的一个重要环节，它对培养学生的口头交际能力起着重要的作用。

听力理解是一个积极思考、理解的过程。它要求信息接收者不但要具有语音语调、词汇、语法、口头表达习惯等语言基础知识，还必须具备有关文化的背景知识。然而当前相当数量的学生虽在中学已学了几年英语，也掌握了基本语法概念和一定数量的词汇，但由于中学的英语教学还是较偏重于语言的书面知识而忽视了语音和语词，其结果就造成了学生看得懂却听不懂、听说能力相当差的状况。而要达到较高的听力水平，就必须从培养学生掌握扎实的语音基本知识入手，加上有关的文化背景知识的传授。为此，要充分提高交际能力，听力课教学就必须重视如下几个方面。

（一）加强音素辨别的训练

每个人从孩提起就至少会讲一种语言，而且学起来也从不费劲。你说我听，或我说你听，成为一种自然而然的事。因此，对一般人来说谁也不会去思考听与说是怎么一回事，它们之间是否有联系，更不会知道它们是什么样的关系。其实，就人人都会的听和说，却是一个极其复杂、高度抽象、音义相连并具有无限产生力的系统。据语言学家的研究，说话的过程包含着语义编码（semantic encoding）、语法编码（grammatical encoding）、语首编码

（phonological encoding）等程序；而听话的过程也相应地要经过语音解码（phonological decoding）、语法解码（grammatical decoding）和语义解码（semantic decoding）。

简言之，说与听的过程是：编码—送音—收音—解码。作为听者，就是要解码。而要成功地解码，就要听懂，就必须掌握说话者所使用的代码（code）。语言学家朱莉娅·福尔克说过，成年人在学习语言时与小孩学语言不同。成年人在学听一种外语时并没有真正地把说话人所发出的音素全部听进去，他们对那些与母语相同的音素特别敏感，而对那些与母语不同或母语中根本不存在的音素则充耳不闻。因此，他们常常用母语的语音系统来解释外语的语音系统。也就是说，他们用母语的代码去解译其他语言的代码，这当然就会解错或根本解译不出来。因此，要提高学生的听力理解能力，首先就要教会学生掌握英语的音码，如此才能用这个音码进行解码而提高听音、辨别音素等语言特征的能力。辨别训练必须重视以下两个方面。

1. 辨别单词中的音素

这里的辨音就是辨义。如pen和pan,这两个词中各有一个不同的音素，它们的意义也就不同。只有正确地辨别出不同的音素，才能正确地理解词义。但同一个词在英国英语和美国英语发音也有差异，这在听力教学中也应引起注意。如experiment，fast，better等单词的读法。另外有几个常用的单词，英音和美音的发音不同，如record，schedule等，需要学生逐个记忆。

2. 辨别语流中的音素

口头交际与书面交际有很大的差别。阅读时，尽管每个字、每个短语或每个句子的意思可能要通过上下文才能正确理解，也就是说受到篇章的约束，但有一点与口头交际相差较大的是：书面材料字与字有间隔，短语或句子有标点符号标明，白纸黑字，非常清楚，阅读起来不会混淆不清，而口头交际则相反。正如语音学家说的那样，口头交际是在许多不定因素中进行的。说话不可能像书面表达一样，一个字一个字地发音，随着说话者情绪的波动，语速语调也可能变化，甚至有时会结巴或重复、间断。使用同一种语音而来自不同地区的人讲话也常常南腔北调，言语效果也常会受到影响。因此，除教学生辨认每个单音外，还须让学生学会连贯说话时的正确发音和音素的变化。这些变化主要体现在：强读和弱读、音的同化、连读、省音、失去爆破等。

（二）重视句子重音和语调的教学

重音和语调是表达思想感情的重要形式之一。人们用不同的语调，加上句子的重音即可表达不同的思想感情。在此我们以英语重音和语调为例。英语的重音分为词重音和句子重音。如一个单词重音没读出或读错了，就会使这个词变得难以辨认。在我国很流行的托福测试是美音，许多听力材料也是美音。因此词重音须注意英音和美音的差异，英音中有的重音在词的第一个音节上，而美音却在第二个音节上。英音中有的重音在第二或第三个音节上，而美音却在第一个音节上。英国英语中不重读音节往往弱读，而美国英语则不弱化，有时还保留英音中所消失的元音。句子重音对表达思想和意义起着重要的作用。句子重音的功能是突出句子中较重要的词所传递某种信息，从而表达说话人的意思和感情。在一般情况下，英语句子中较重要的词，如名词、主要动词、形容词和副词等实义词都要重读，而虚词，如冠词、连接词、介词、人称代词、动词“to be”和助动词等都以弱读的形式出现而不予以重读。

在进行语调教学时，除应引导学生注意语调的形式外，还应注意语调的功能。英语的基本语调有升调和降调两种形式。其主要功能是表示说话人的态度、意图和感情。所以在英语口语中，相同的句子用不同的语调所表示的意义也就不同。陈述句一般是用降调表示肯定的语气，但有一些陈述句在包含不肯定、疑惑、不耐烦等情绪时，则用升调。She is from Beijing？用了升调就表示说话人并不了解她是不是北京人。再看祈使句Don't be late again！如说话人的语气是婉转客气的请求，就应用升调，其意相当于汉语的“请不要再迟到”。若说话人是表示命令的口气，则用降调，这时相当于汉语“不许再迟到”。因此，在许多交际场合里，注意语调的用法是理解说话人意图的途径之一。有时听话者虽然听清楚了全部单词，但忽略了说话人的语调，仍然可能造成对说话人意图的误解，而造成交际失误。

（三）培养捕捉信息的关键词的敏感性

我们或许都有这样的体会，在听母语时，不管听广播、听报告还是看电视节目，并不一定要全神贯注地把每个音都听清楚才能理解，有时心不在焉也能听出大意，甚至在许多噪声干扰的情况下也能辨别出含糊不清的语句。这是因为我们掌握了母语的语言系统、说话方式，所以能轻而易举地捕捉提供信息的关键词而理解整句话的大意。同样，在进行英语听力训练时也应该让学生学会捕捉句子中的一些关键词来推断整句话的大意。所谓关键词是指在句子中比较重要的词。要培养学生听懂句子的关键词，首先要让学生积累一些口头交际的常用词和词组。其次，对句子重音技巧的把握也有助于较熟练地抓住关键词。在句子中比较重要的词一般都读得比较响亮而清晰。听清了句中重读的关键词后就不难理解这句话的意思了。当然，也需让学生注意听在一般情况下是弱读的句子重音。

（四）讲解有关文化背景知识

各个民族都有自己发展的历史，有自己的社会背景和风俗习惯。这些构成了各民族独特的文化。学生了解了目的语国家的文化、风俗习惯、风土人情以及社会经济状况，有助于提高听力理解能力。在听音时，有的学生尽管听懂了句中的每个词及其意义，却不能正确地推断出言者所指，原因是缺乏有关的文化背景知识。下面是一段听力材料的对话：

——I’m sorry, Miss, but you are doing 45 in a 30 zone.

——But I,m late for a very important appointment.

——That’s too bad. It’s my job to give you a ticket.

如果学生不了解美国国内的交通规则，就很难理解第一句话是指开车超速；对ticket一词也很少会想到是违反交通规则的传票，也不可能知道第一个说话人就是警察。因此，听力理解不能全凭语言信息，有时需要根据背景知识作出判断后方能正确理解语义。熟悉了文化背景也有助于听音时判断一些同音异义词。

四、写作教学与交际能力培养

和口语一样，写作属于语言四项技能中的输出环节。它在语言交际中起着非常重要的作用，是四项基本技能里综合性最强，也是最难提高的一项技能。要提高写作水平，加强交际能力的培养，就必须增强对写作结构的认识，加大必要的语言输入。

（一）增强对写作结构的认识

1. 重视分析英汉句子结构的基本特征

一种语言中词组组合并不同于另一种语言，一种语言中的意思黏合也不同于另一种语言。英汉两种语言组词造句的不同，源于这两种语言中句子结构的差异。英汉两种语言之间的句子差异，最大的莫过于英语造句主要采用形合法，而汉语造句则主要采用意合法。

所谓形合，指的是句中的词语或分句之间用语言形式手段连接起来，表达语法意义和逻辑关系。英语重形合，是指英语语言符号以及语法之间依靠较强的逻辑关系来连接，句子中关联词语使用较多，单句的句子成分排列紧凑，任何复杂的长句分析起来都会线索清楚，脉络清晰，犹如参天大树，枝叶横生，繁而不乱。英语句中的连接手段和形式不仅数量大，种类也多，主要有关系词、连接词、介词等。

所谓意合，指的是词语或分句之间不用语言形式连接，句中的语法意义和逻辑关系通过词语或分句的含义表达。汉语重意合，句子由字词的意义连接起来，句子简短，富于变化，较少使用关联词语，言简意赅，直接明快。在单句中，句子的基本成分和修饰成分交叉排列，因而句子结构显得较松散。

英汉句子的形合、意合差异，给许多学生在用英文写作时造成了困难。他们用汉语思维来写英语句子，不懂得在句子中的各个成分之间使用一定的关联词，而是靠意思把词语和分句简单地连接起来。英汉句子的另一重大差异表现在人称与物称上的区别。一般而言，按西方传统的思维方式，人们在使用英语来表达思想时往往比较强调客观性，注重物对人的思维和行为的影响。

因此，常常突出（subject prominent）。主语以“物称”形式出现，以客观事物或抽象名词的形式加以表达。正因如此，英语常用物称（impersonal）作主语，着重强调物对人的作用，对人的思维和行为的影响及其产生的结果。

毫无疑问，英语用非人称作主语，注重客观如实地反映一个句子的意思，明显地使句子的表达更生动、亲切形象和逼真，也使叙述更正式、客观和公正。与西方传统思维方式不同，汉语则根据中国人的传统思维方式，在语言使用中较注重主题（topic prominent）。这种思维模式往往从自我出发来叙述客观事实，着重强调人对事、对物或对人本身的作用和影响，认为所有的行为或事情都是由人这个行为主体来完成的。所以，汉语的句子表达常常以人称词做主语庭，很明显句子在用汉语表达时，是根据中国人的习惯性思维表达方式，注重思维的主体性，首先强调的是人——“我”对事物的影响，因此，常常用人称代词作主语。

受此差异的影响，学生们在写作中常常习惯用人称代词做主语，I, we等人称代词出现频率颇高，爱用“I think...” “we must...”等句式。同时，由于主语的物称化与人称化的差异导致英汉句子在语态使用上差异显著：英文句式在语态上多采用被动形式，尤其是经常使用“it”作主语的非人称被动式，如it is believed, it is felt，it is thought等；而汉语由于主语的人称化，多采用主动式。因此，学生在写英语作文时，常常采用汉语的人称表达法，无法说出确定的人称，也会采用泛指人称。以上表明，在教学中引导学生写作时注意英汉句子间的差异，尤其是形合与意合、物称与人称、被动与主动等的使用差异，对避免中式英语，使文章的语句表达更符合英文习惯是非常有益的。

2. 注重英汉语篇的对比

语言学研究领域中的语篇这个术语，对于不同的语言学家，其含义会各不相同。但一般认为语篇是指一段有意义、传达一个完整信息、逻辑连贯、语言衔接、具有一定交际目的和功能的语言单位或交际事件。在同一主题下，英语和汉语的语篇及其语篇模式有许多相似之处。比如，大多数语篇都由单词短语、句子、段落等构成；要求内容一致、意义连贯、语句衔接；要求具备完整的语义信息和交际功能；要求遵循一定的组合规律；等等。但两者也存在着巨大的差异。大体来说，与英语思维模式相对应的语篇的组织和扩展，呈“直线型”结构；也就是说，英语语篇的展开模式常是以一个主题句开头，直截了当地点明这一段落的中心思想，然后分类陈述。分类陈述的目的是对主题句的展开，并为中心思想在以后句子中的发展做好准备。因此整个过程往往以明晰的如同路标似的连接手段衔接起来（如表示因果、对比、附加、强调、让步、举例、结论、顺序和对照等手段），这些路标会把你直接引向作者的意图。与此不同的是，汉语句子成分之间、句际之间则没有使用像英语里那么多的黏合剂，或缺乏如同路标似的衔接手段。汉语的语篇是以反复而又发展的螺旋形形式对一种意思加以展开，即语篇的主题往往不是通过直截了当的方式，而是采用汉语里常用的种种方式来加以阐述。

（二）加大语言输入，培养和增强语感

母语对二语写作造成干扰是二语习得过程中正常的现象，这种现象通常会随着对二语的掌握程度加深而消失。在教学中可以发现学生在英语写作时由于受汉语干扰而常犯低层次错误，这种情况一旦持续到高年级阶段，就会导致学生在英语作文中总是无法消除汉语干扰的痕迹。究其原因还是语言输入量严重不足所致，而背诵则是保证足够的语言输入量的一条重要途径。原因有以下几个方面。

1. 背诵有利于强化语言输入，克服汉语负迁移，对语言输出起监控作用

中国学生在英语学习过程中普遍存在着母语负迁移的现象，其根源在于目的语输入不足。学生大脑中所储备的语言信息极为有限，惯用词汇、句型及表达积累太少，以至于不得不用汉语的思维、英语的词汇，依靠语法编造句子。学生在没有足够的语言输入情况下，必然会产生大量不规范的语言输入，从而严重影响语言输出的质量。而背诵有利于积累语言知识，可为比较地道的英语语言输出——写作打下坚实的基础。

根据Krashen的监控假说，语言习得者有意识学到的语言知识，能起到监控和编辑的作用，它能被用来检查和修正习得的输出。背诵是一种有意识的语言输入活动。通过背诵输入，学生可以逐步积累交际中所必需的语言知识和篇

章构建技巧，在此基础上可加强对其英语使用过程中的母语负迁移进行监控和修正，从而使他们排除母语干扰，更好地运用英语进行写作。

2. 背诵可以培养和增强语感，促进语言习得，从而提高学生的英语写作能力

加拿大语言学家比亚韦斯托克（Bialystok）在第二语言学习的理论模式中，将英语习得者的语言知识分为显性语言知识和隐性语言知识两种。显性语言知识指学习者意识层中的所有目标语的语言知识，包括语音、语法、词汇等知识，这些知识存在于学习者的意识层中。隐性语言知识指那些内化了的语言知识，它们存在于学习者的潜意识层中，学习者不一定能清晰地表达出来，但能不假思索、流利地使用语言，这便是人们常说的语感。Bialystok的语言学习模式给了我们启示：一个人的隐性语言知识越多，他熟练使用目标语的程度就越高。为此，教师在平时教学中应设法将学生已有的显性语言知识转化为隐性语言知识，并尽可能扩展学生的隐性语言知识。

背诵输入由于加强了对学生语言知识的积累和巩固，因而能将原本是显性的语言知识转化为隐性的语言知识，学生的语感也因此而形成，这势必能促进其语言习得。随着背诵输入的不断增加，学生对目标语语言现象的敏感度会不断增强，隐性语言知识将不断得到扩展，语感也将不断增强。学生的隐性语言知识不断得到扩展、语感不断增强，标志着他们已具有许多目标语的语言形式和规则的知识，这将有助于学生摆脱母语干扰，克服母语对目标语写作的负迁移，促进学生写作水平的提高。

第三节　大学英语课程思政背景下跨文化交际能力培养

“课程思政”概念最早于2014年由上海市政府提出，其目的在于“将立德树人作为教育的根本任务，深入发掘各类课程的思想政治理论教育资源，使各类课程与思想政治理论课同向同行，形成协同效应”。而随着2016年高

校思想政治工作会议的召开以及习近平总书记在会上对于抓好高校思想政治工作的强调，课程思政迅速引起高校工作者的热议，也成了众多学者研究的热点议题。

一、大学英语“跨文化交际”课程思政现状

（一）课程思政与跨文化交际能力培养

跨文化交际的研究一直在试图回答当人们没有共同的文化经历时，他们如何理解对方。在几十年前，这个问题主要困扰着外交官、外籍人士和偶尔的国际旅行者。今天，在多元文化的地球村，什么样的交流是具有文化多样性和共同统一目标的多元社会所需要的？如何沟通有助于营造彼此尊重的氛围，而不仅仅是容忍以促进多样性？我们如何为这个不断变化的世界带来更多的创新能力？语言作为一种交流工具，为我们提供了语言范畴和原型，指导我们如何体验现实。

跨文化交际能力一直是英语学科中重要的能力素养。英语教学已经从只关注语言能力的教学目的向交际能力的培养转变。Byram认为，在语言中有效运作的能力与跨文化交际能力紧密相连。尽管如此，即使是表现出高跨文化能力的教师通常也缺乏有效的“文化学习”方法，在英语课堂中实现跨文化交际目标仍充满挑战。

孙有中认为，培养英语学习者跨文化交际能力，可以帮助其理解和比较中外文化表层和深层的异同，掌握基本的跨文化交际理论和分析方法，对不同文化现象进行阐释和评价，从而实现更有效的跨文化沟通。而高校的通识教育要成为培育和践行社会主义核心价值观的重要课堂，其使命就是在潜移默化中加强理想信念教育。传统的大学英语跨文化教学基本上是以文化学习为主，介绍西方政治、宗教、法律、教育、社会等方面的知识，缺少对学生辩证思考问题的引导，这会阻碍学生对本国文化的自信与认同。而课程思政元素的加入，可以鼓励学生在了解中西方社会、历史、文化知识的基础上，学会概括和反

思，并以此为契机，探讨与中华文化相关的主题，真正做到讲好中国故事，推进中国立场、中国智慧、中国价值理念的传递。

（二）大学英语“跨文化交际”课程思政的难点

1. 教学素材中的“思政”成分较少

课程思政的主要形式是将思政理论知识、价值理念、精神追求等教育元素融入到其他课程中。在融入过程中，要充分考虑思政元素与其他课程“是否适应”的问题，不能生硬地加入思政元素。这就要求教师必须提炼课程内容中本就具有“思政”教育属性或功能的元素，以此为基础延伸出具体的思政策略。而从“跨文化交际”课程目录上看，该课程的主讲内容几乎是实用类、流行类的应用知识，如出国小常识、社交文化迁移等，能够直接作为思政元素进行应用的内容比较少，且大多数内容讲述的都是外国文化的基本形态和应用策略。即使能够作为思政素材使用，其教育范围也停留在文化差异、民主法制教育、环保教育等范围内。而我国思政教育一贯强调的品德教育、爱国主义与集体主义教育的内容则少之又少，这无疑对英语教师提出了难度更高的挑战。

2. 传统文化“失语”现象由来已久

随着互联网技术飞速发展、移动上网设备在民众范围内的普及，拜金主义、虚无主义、极端个人主义等思想也逐渐渗透到学生群体内，持续影响着他们的价值观，导致一部分学生对传统的、民族的、集体的文化产生了质疑，造成了传统文化的失语。多年来，这些来自域外的不良思想已经掌握了影响价值观的策略，加上思想堕落成本远远低于思想建设成本的这一规律，导致传统文化失语现象由来已久，已经成了顽固问题，这同样强化了英语教师开展思想政治教育的难度。英语教师不但要克服自己对思政教育不熟悉的问题，更要解决文化失语这一顽固性问题。对此，教师必须要找到一种长效且能够被学生主观接受的思政教育方法，才能对抗这一顽固问题。

3. 部分教师缺少“社会性”教学思维

在全国高校思想政治工作会议中，习近平总书记强调要实现“全员育人”的新局面。因为人必然的具有“社会性”，具有协作性、自觉性、依赖性等特征。人通过互相交流不断完善自我，也必须通过广泛交流来促进整体的和谐。只有尊重和调动社会性，人才能更好地发展。从教育视角来看，教师之间必须进行紧密和细致的沟通，将自己对于教育的理解，在教育中遇到的难题与同事沟通，才能保持客观清醒的教育态度和广阔科学的教育视野。但现实中，部分英语教师认为凭其多年的教学经验和教育心理学知识就能够胜任思政教育工作，却忽视了跨文化教学和思政教育在输出和内化过程中的不同。如果教师缺少“社会性”教学思维，就会困在自己的经验中，反而不能深刻理解社会思潮，做好思政工作。

二、大学英语跨文化交际能力培养策略

教育部高等教育司最新颁布的《大学英语课程教学要求》强调大学英语除需满足学生学习英语知识的需求，更应将跨文化交际能力和语言应用能力作为教学重点。最新版《大学英语教学指南》也指出学生应注意到不同文化间的差异并能够熟练运用交际策略，达到有效沟通。《普通高等学校本科专业类教学质量国家标准（上）》对跨文化能力的解释中强调了同理心和包容性，在基于中外文化特点的基础上，尊重其多样性，使不同背景的人都能进行有效的跨文化沟通。

文秋芳在对孙有中提出的跨文化交际能力的六个方面的述评中指出：

（1）我们尊重世界的多样性，也应在教学中让学生认识到尊重的两面性，批判性地看待不同文化的价值导向。

（2）跨文化理论作为源起欧洲和美国的舶来品，在概念和理论框架方面都是基于西方的思维，学生应冲破这种禁锢，探索出具有中国特色的跨文化研究。

（3）学生只有在全面理解对象国文化和中国文化的基础上，通过比较研究，向世界展现当代中国的风貌，并最终赢得世界对中国的尊重和理解。

（4）学生应具备对跨文化现象阐述和评价的能力，通过对跨文化思辨能力的培养，进一步增强民族认同感，拓宽国际视野。

（5）为了有效实现跨文化沟通，交际中的得体性和有效性不容忽视。

（6）在目前的全球化背景下，具备跨文化沟通能力的人员能够帮助他人克服由于文化不同引起的沟通障碍，实现有效沟通。中华文明源远流长，在尊重异国文化的基础上，如何让更多的国家了解中国的文化是当代大学生需要学习和肩负的时代使命，也为跨文化课程融入课程思政提供了契机。

（一）结合课程特点，挖掘思政元素

跨文化交际类相关课程是英语专业学生的基础课程，2020年颁布的英语教学指南进一步强调对英语专业学生跨文化能力的培养。随着大学英语的教学改革，为了改变目前英语应试教育的弊端，大学英语已在向培养学生的综合应用能力和跨文化交际能力转变。“跨文化交际”课程是以讲授跨文化知识为主，但不局限于单纯讲解学术理论知识，而是有意识地增加了中西方文化对比及经典案例的分析，让学生在实践中提高自身的跨文化交际能力。课程主要从中西文化中衣、食、住、行等方面，探讨不同文化中语言、服饰、饮食、医疗、教育的丰富内涵，引导学生关注相同主题下的文化异同。有别于大部分跨文化课程专注于跨文化知识点的讲授，大学英语跨文化交际课程立足于让学生用英语“讲好中国故事”，因此，在教学中教师将思政元素融入每单元学习内容，比如，第二单元介绍中西方传统服饰时，为学生讲解汉服的完整穿着以及汉服的发展历史，引导学生思考与我国传统礼仪相关的经典名篇，通过对中西方服饰礼仪的对比，激发学生的民族自信心和认同感。每个单元教师都会依据主题内容进行中西文化对比，在开阔学生国际视野的同时也进一步加强了学生的爱国主义教育，从弘扬中华文化出发，增强本国文化自信，学会如何用英语为中国发声，课程思政的融入，以润物细无声的方式，培养兼具外语专业能力和家国情怀的跨文化人才。

（二）加强跨文化交际课程的思政教学设计

1. 大学英语教育应转变教学理念

在课程思政背景下，各高校应根据自身特色，开设相应与中华民族文化

特色相关以及中外文化对比类课程，并挖掘各课程中的思政元素，一方面结合我国的传统文化特色，另一方面紧扣新闻热点和时事新闻，可以选取以各高校所在地的文化景点、历史人物等材料作为教学补充，真正做到用英语讲述中国故事，向世界传播中华文明智慧，将育人与语言教学有机结合。

2. 将课程思政融入实践教学中

（1）案例分析与任务驱动教学法相融合的教学模式，结合每一单元主题和对应的思政元素，与学生一起收集案例并建立跨文化交际案例库，在引导学生进行案例分析的过程中，先让学生分组讨论案例文化冲击点并进行课堂展示，然后教师对学生的讨论展开跨文化分析，最后师生共同提出解决方案以及如何避免类似的跨文化冲突。案例分析之后，教师可以引导学生思考实际场景中的跨文化问题，培养学生发现问题、分析问题、解决实际问题的能力。

（2）项目与竞赛为导向，鼓励学生以团队形式参与跨文化项目或组队参加跨文化交际大赛和微课的制作。学生与教师通力合作，共同挖掘跨文化知识点，并以表演的方式呈现跨文化场景，培养学生学以致用的能力。

3. 为学生提供跨文化学习的环境

教师充分利用线上线下混合式教学和新媒体平台，为学生提供跨文化学习环境。教师需要灵活开展教学，借助中国大学慕课平台和中国高校外语慕课平台上的“跨文化交际”课程并将其与教材各单元相关的部分进行混合式教学，提高学生的学习效率。课程也应以实践和产出为导向，在课堂上开展丰富的教学活动，如课堂展示、情景对话、表演等，通过小组活动加强英语语言实际应用能力和跨文化交际能力的培养。

（三）规范思政评价体系并引入动态评估模式

虽然近年来学界对大学英语课程思政教学目标、内容以及教学方法有诸多深入研究，但对如何基于课程思政的教学目标建立规范和完善的课程思政评价体系，仍需进一步研究与探讨。在新时代的大学英语教学中，教师应帮助学生掌握在未来的环境中使用他们目前正在学习的语言和转化所学的能力。虽然中国的外语课程在各个教育阶段都强调英语能力，但大部分研究表明，大多数学生无法应用他们多年来所学的知识。

传统的评估方法（一种非动态的、静态的程序）是衡量一个学习者在特定时间点的发展状况，但它仅揭示了学习者独立表现“失败”的程度，在识别出应试者的错误后，传统的评估会为进行测试的人提供描述应试者一次性表现的分数报告。这种描述，通常是数字或统计结果，教育者无法给出进一步的教学建议。相比之下，动态评估则更侧重于对学习者的学习和思维过程的评价。教师通过提示，使学习者掌握并寻找可以扩展策略的方法。动态评估与传统评价模式的最主要的区别是，动态评估模式使教师能够根据他们对学习者发展潜力的评估提出教学建议。在动态评估模式下的课堂，学习者被视为积极的参与者，他们被指导如何执行某些评估任务，并获得如何掌握这些任务的中介支持。因此，与非动态评估相比，动态评估可以更全面地了解学习者的能力，学生在此期间可以接收到教师多种形式的反馈与指导。

教师在以课程思政为背景的大学英语课堂，应将动态评估模式引入课堂中，将中国传统文化融入教学任务中。不同学生的英语基础不尽相同，思想也会随着课程的进行而不断变化，因此，传统的终结性评价无法满足新时代的教学要求。教师可以在课程进行中设置思政实践环节。教师一方面通过阅读、听力、口语等教学任务和活动，向学生传递正确的世界观、人生观和价值观；另一方面，鼓励学生共同学习思政知识，进行生生和师生互评，在润物细无声中提高学生的民族自信心和自豪感。

参考文献

[1] 曹睿. 实用英语教学论 [M]. 北京：北京工业大学出版社，2020.

[2] 丁煜，等. 大学英语教学多维探究 [M]. 武汉：华中科技大学出版社，2021.

[3] 刘惠玲，赵山，赵翊华. 跨文化英语翻译的理论与实践应用研究 [M]. 延吉：延边大学出版社，2022.

[4] 史默伍德，等. 大学跨文化英语阅读教程3教师用书 [M]. 上海：上海外语教育出版社，2019.

[5] 张红玲，顾力行，索格飞，等. 大学跨文化英语综合教程2教师用书 [M]. 上海：上海外语教育出版社，2019.

[6] 朱慧阳. 英语教学与跨文化交际研究 [M]. 长春：吉林出版集团股份有限公司，2021.

[7] 欧敏鸿. 跨文化视域下英语翻译的解读 [M]. 天津：天津科学技术出版社，2020.

[8] 唐俊红. 互联网+英语教学 [M]，北京：新华出版社，2018.

[9] 刘涵. 英语人才跨文化交际能力研究 [M]. 北京：知识产权出版社，2019.

[10] 孙有中，廖鸿婧，郑萱. 跨文化外语教学研究 [M]. 北京：外语教学与研究出版社，2021.

[11] 郑春华. 跨文化交际与英语文化教学 [M]. 北京：国家行政学院出版社，2018.

[12] 戚燕丽. 跨文化视角下英语翻译障碍及对策研究 [M]. 北京：北京

工业大学出版社，2020.

[13] 刘萍. 语料库数据驱动的学术英语教学 [M]. 武汉：武汉大学出版社，2021.

[14] 杨阳. 英语理论与英语教学 [M]. 成都：电子科技大学出版社，2017.

[15] 崔国东. 跨文化视角下的英语教学理论与方法探究 [M]. 长春：吉林人民出版社，2021.

[16] 游洪南，常海鸽. 中西文化差异与跨文化英语教育研究 [M]. 长春：吉林出版集团股份有限公司，2021.

[17] 孙雪梅. 高职英语教学评价探析 [J]. 安徽工业大学学报（社会科学版），2019（6）：71–73.

[18] 杨国兰. 构建职业导向下的高职英语教学评价模式 [J] 陕西青年职业学院学报，2019（4）：39–41.

[19] 潘卫华. 形成性评价与大学英语教学评价体系改革策略研究 [J]. 英语广场，2021（16）：113–115.

[20] 田文燕，欧蕴灵. 成果导向理念下大学英语评价模式的研究 [J]. 山西能源学院学报，2019（2）：55–57.

[21] 汪孝恩. 高职综合英语教学评价方式研究 [J] 海外英语，2020（5）：99–100.

[22] 王东. 多元智能理论视角下“大学英语”教学评价体系的构建 [J]. 淮海工学院学报（人文社会科学版），2019（3）：135–137.

[23] 张文静. 国际化背景下大学英语“课程思政”教学格局构建策略 [J]. 海外英语，2023（7）：176–178.

[24] 潘影. 大学英语“跨文化交际”课程思政教学模式研究 [J]. 哈尔滨学院学报，2021（10）：133–135.

[25] 张彦春. 大学英语课程多元评价模式探索 [J]. 兰州工业学院学报，2022,29（6）：150–155.

[26] 金艳，何莲珍. 构建大学英语课程综合评价与多样化测试体系：依

据与思路［J］. 中国外语，2015（3）：4–13.

［27］何莲珍，张娟. 中国语言测试之源与流［J］. 浙江大学学报：人文社会科学版，2019（6）：29–38.

［28］刘建达. 课程思政背景下的大学外语课程改革［J］. 外语电化教学，2020（6）：38–42.

［29］金艳. 大学英语课程评价体系的构建［J］. 山东外语教学，2013（5）：56–62.

［30］蔡基刚. 高等教育国际化背景下的外语教学评价体系调整［J］. 外语电化教学，2013（1）：3–8.

［31］韦健. 借鉴美国多元教学评价探讨大学英语多元评价体系［J］. 高教论坛，2016（5）：122–128.

［32］夏晓云. 多元智能理论下大学英语评价体系的构建［J］. 中国成人教育，2010（17）：168–169.

［33］张红玲. 以跨文化教育为导向的外语教学：历史、现状与未来［J］. 外语界，2012（2）：2–7.

［34］明禹杉，姜茉然. 试论“OBE”理念下大学英语教学评价模式构建［J］. 黑河学院学报，2019（1）：116–118.

［35］BYRAM M. Teaching and Assessing Intercultural Communication Competence［M］. Sydney：Multilingual Matters,1997.

［36］毕继万，张占一. 跨文化意识与外语教学［J］. 天津师大学报：社会科学版，1991（5）：72–76.

［37］文秋芳. 英语口语测试与教学［M］. 上海：上海外语教育出版社，1999.

［38］BYRAM M. Teaching and Assessing Intercultural Communication Competence［M］. Shanghai：Shanghai Foreign Language Education Press, 2014.

［39］DEARDORFF D K. Identification and Assessment of Intercultural Competence as a Student Outcome of Internationalization［J］. Journaloi

Studies in International Education, 2006, 10（3）：241–266.

[40] 高永晨. 中国大学生跨文化交际能力现状调查与分析 [J]. 外语与外语教学，2016（2）：71–78,

[41] 吴卫平，樊葳葳，彭仁忠. 中国大学生跨文化能力维度及评价量表分析 [J]. 外语教学与研究，2013（4）：581–92，641.

[42] 廖鸿婧，李延菊. 大学英语课程评估与跨文化能力培养的实证研究 [J]. 外语与外语教学，2017（2）：18–25，146–47.

[43] 文秋芳. 大学外语课程思政的内涵和实施框架 [J]. 中国外语，2021（2）：4752.

[44] 成矫林. 以深度教学促进外语课程思政 [J]. 中国外语，2020（5）：3036.

[45] 黄凌云. 基于CIPP模型：大学英语课程思政成效评价研究 [J]. 教育学术月刊，2022（2）：57–63.

[46] 赖琳. 信息化时代大学英语教学与跨文化转型结合——评《跨文化交际英语教学与研究》[J]. 外语电化教学，2022（2）：110.

[47] 孙有中. 外语教育与跨文化能力培养 [J]. 中国外语，2016（3）：17–22.

[48] 魏绪涛，武金锁. 课程思政视域下的大学英语跨文化交际人才培养刚评体系研究 [J]. 黑龙江教育（理论与实践），2021（4）：82–83.

[49] 谢志辉，李海军. 课程思政背景下大学生双向跨文化能力培养研究 [J]. 湖北第二师范学院学报，2022（6）：6–10.

[50] 文秋芳. 对“跨文化能力”和“跨文化交际”课程的思考：课程思政视角 [J]. 外语电化教学，2022（2）：9–14.

[51] 安秀梅.《大学英语》“课程思政”功能研究 [J]. 文化创新比较研究，2018（11）：84–85.

[52] 董洛铭人. 跨文化能力培养与“课程思政”深度融合的教学模式研究 [J]. 教育研究，2020（3）：56–59.